좋은 습관을 만들고 목표를 이루는 기술

습관과 목표로 만드는 강한 슈퍼멘탈

작가의 고유의 글맛을 살리기 위해

한글 맞춤법에 맞지 않는

일부 표현을 수정하지 않았습니다

강력한 슈퍼멘탈 루틴으로 습관과 목표를 이루는 방법

습관을 만들고
목표를 이루는 기술

슈퍼멘탈 루틴

남찬영

머리글

———

 안녕하세요. 저는 독서, 운동, 기도, 글쓰기와 같은 습관을 약 10년 전부터 시작했으며 2020년부터 미라클 모닝을 1,000일을 해보고, 자기계발 모임 등에서 여러 사람들과 좋은 습관을 이어서 하고 있는 남찬영 작가라고 합니다. 인터넷 전자상거래를 하며 온라인 사업을 하고 있는 사업가이자, 책 읽고 토론하고 글 쓰는 것을 좋아합니다.

 전자책과 e북을 2020년부터 꾸준히 써오며 판매하였고 종이책 또한 계속 쓰고 강의와 강연을 통해 좋은 생각과 가치관을 나누

습관을 만들고 목표를 이루는 기술

고 있습니다. 이 책은 습관을 만들어 목표를 더 효율적으로 달성하고 비전을 이루는 삶이 되도록 도와주는 책입니다. 또한 정신력을 강하게 해서 성공과 실패에 흔들리는 삶이 아닌 슈퍼멘탈로 살아가는 방법을 얘기했습니다. 이 책을 읽으면서 '습관에 대해 이렇게 저렇게 하라.' 라는 말 보다 습관에 대한 통찰, 제가 수년간 좋은 습관과 미라클 모닝을 해오면서 느낀 점을 읽게 되실 겁니다. 그리고 한 때 우울증에 허덕였던 저자가 왜 1,000일 동안 미라클 모닝을 했고 또 습관을 하고 있는지도 읽게 되실 겁니다.

슈퍼멘탈 루틴은 시간관리, 인간관계, 일, 리더십, 봉사, 실행력의 영역과 독서와 운동, 명상, 기도, 글쓰기 등의 습관으로 만들어집니다. 이런 작은 습관과 루틴은 2015년부터 시작하였습니다. 지속했던 습관의 결과가 우울했던 저를 낫게 해주었고 또 건강히 발전하게 해주었습니다. 이전에 비전 없던 상태에서 다른 사람들에게 좋은 영향을 주어야겠다는 사명이 생기게 되었습니다. 지금도 배워가지만 내적으로는 더 깊어지고 성숙해졌으며 좀 더 배려하는 사람이 된 것 같습니다.

저는 습관과 목표를 이루면서 단단한 슈퍼 멘탈을 가지게 된 리더가 되었습니다. 꾸준한 습관으로부터 정신력은 강해지고 멘탈은 단단해졌습니다. 컨디션의 회복과 발전은 전반적인 삶에서 사업, 부업 대인관계, 경제력, 봉사활동, 사회 활동 등에 좋은 발전을 가져오게 했습니다. 앞으로도 계속 좋은 습관을 즐기고 형성하는 삶을 살면서 다른 사람도 목표를 이루는 삶이 되도록 도울 것입니다.

　'습관을 만들고 목표를 이루는 기술' 라는 이 책을 쓰면서 또 드리고 싶은 얘기는 정신력을 강하게 하는 것과 습관을 형성하는 것에 이어 생산적인 목표도 함께 해야 좋다는 것입니다. 습관은 자기관리의 영역이고 목표는 생산적인 활동으로 영향력을 키우고 확대합니다. 이에 대해 1,000일 이상 미라클 모닝과 수년간 좋은 습관을 직접 해오면서 느낀 점과 여러 통찰, 제가 얻은 유익, 습관을 만드는 법, 목표를 이루는 방법들을 설명했습니다. 다른 많은 사람들의 삶에도 좋은 영향을 주어 인생을 변화시키고 싶어 쓰게 되었습니다.

　자기계발의 습관은 우울증이 있던 저를 치료하여 주었고 강한 비전과 꿈, 사명을 자리매김하며 이뤄가는 필수 요소와 원동력이 되었습니다. 우울증 환자에서 자기계발을 하는 사람으로, 독서가로, 사색가로, 토론가로, 또 글을 쓰는 작가로, 좋은 생각을 말하는 강연가로 활발히 사업을 하는 사업가로 변하게 되었습니다.

좋은 습관을 루틴화하여 인증을 통해 꾸준히 하는 좋은 정체성을 형성하고 있습니다. 나의 삶을 건강하고 풍성하게 하고, 다른 사람에게도 용기와 도전을 주는 삶을 사는 것을 인생의 사명으로 삼았습니다.

그리고 목표를 세워 성공을 위해 실행하고 마침내 이뤄냈을 때 오는 성취감과 자신감은 비전을 계속 이어가게 해주었습니다. 목표를 위한 노력은 때로는 힘들게 느껴졌지만 과정 속에 몰입과 즐거움을 발견하게 해주었습니다. 그로인해 좋은 영향력을 주는 삶, 경제적인 유익, 마음과 몸의 건강, 사람들의 인정 등 돌아오는 보상이 크다는 것도 체험하고 느꼈습니다.

독서를 하고 좋은 습관을 해도 때론 책의 내용이 너무 이상적이라서 탁상공론이 될 수도 있습니다. 지행합일 이라는 말이 있습니다. 참 된 지식은 반드시 실행되어야 한다는 뜻입니다. 저는 여러분 삶에 책의 좋은 내용들이 반드시 실현되기를 진심으로 바랍니다.

좋은 습관은 완벽하게 하는 것이 아닌 시작 하는 것에 초점을 두는 게 가장 큰 의미가 있습니다. 일상에서 작게 하지만 자주 하는 것입니다. 내가 자주하는 것이 곧 삶이고 인생입니다. 내 옆에서 가까이 있는 나의 가족, 남편, 아내, 부모님이 자주 하는 그것이 그분의 삶, 인생입니다.

즉, 습관이 인생이 되는 것입니다.

더 많은 사람들이 자신의 비전을 발견하고 목표를 이루었으면 좋겠습니다. 제가 실행한 방법들을 쓰게 되었는데 습관을 형성하고 소기의 좋은 목표를 이뤄가면서 자신을 건강하게 하고 삶을 풍요롭게 하시길 바랍니다. 그리고 나아가 다른 사람에게도 좋은 말을 하고 용기를 주는 영향력을 끼치는 삶을 사시기를 바랍니다.

습관을 만들고 목표를 이루는 기술

내가 자주 하는 것이
곧 삶이고
인생이다

좋은 습관에는
통찰력이 있고 힘이 있다

Chapter2.

좋은 습관 형성, 습관에 대한 통찰

Chapter3. ─────────────────────────

어떻게 살 것인가?

Chapter4.

목표, 기회를 사는 사람

Chapter 1.

정신력을 강하게 만드는
확실한 방법

정신력이 강한 사람

───

'정신력이 강한 사람은 아무런 상처를 받지 않는 사람이 아니라 오늘 상처 받고 실패해도 내일 삶에서 가장 중요한 것을 조금씩 계속 이어가는 사람입니다.'

여러분, 주위에 정신력이 강하고 멘탈이 단단한 사람이 있다 해도 그 사람도 연약한 부분이 있고 그 연약한 부분을 누군가 건드린다면 그의 마음이 흔들릴 수밖에 없습니다.

세상에서 가장 강한 정신력을 가진 사람은 상처를 아무것도 받지 않는 사람이 아닙니다. 오늘 상처를 받고 실패를 해도 다음날

습관을 만들고 목표를 이루는 기술

삶에서 가장 중요한 것을 작지만 꾸준히 계속 이어나가는 사람이 이 세상에서 정신력이 가장 강한 사람입니다. 즉, 삶의 우선순위에 좋은 습관을 하루를 시작하는 첫 시간에 채우고 지속해야 합니다. 여기서 좋은 습관은 많은 시간을 계획해서 채우기보다 그냥 시작하는 게 훨씬 더 중요합니다. 많이 해도 좋겠지만 쉽게, 짧게, 작게 시작하는 것이 더 영리한 기술입니다.

좋은 습관에 있어서는 완벽주의란 없습니다. 완벽하지 않아도 괜찮고, 많은 생각을 하지 않고 자주 해야 해요. 자주하는 좋은 습관이 아름다운 삶으로 만들어주기 때문입니다. 또 비록 자신의 상황이 안 좋을 때도 조금씩 해야 진정한 능력이 나타납니다.

특히 하루를 시작하는 일정한 시간에 꾸준히 지속한다면 더 탁월해집니다. 저는 처음에 아침 달리기, 아침 독서를 했을 때 '내가 5분만 뛰어도 좋아지겠지. 책을 펼치고 잠깐만 읽어도 좋아질 거야.'라는 막연한 믿음으로 시작했습니다. 그 막연한 믿음은 현실이 되었습니다. 바로 그 습관은 진리 안에 있던 것이라 제가 건강해지는 것이 실제로 일어난 것입니다.

정신력이 강해지는 확실한 방법을 소개하겠습니다. 눈을 뜨고 일어났을 때 카카오 톡, SNS, 인터넷뉴스, 유튜브를 하지 않는 게 중요합니다. 이것들을 하루 종일 안 할 수는 없습니다. 눈을 뜨고 일어나 하루를 시작할 때 대략 30분 정도 지혜롭게 차단하고, 자신에게 유익한 좋은 습관을 일정한 시간에 꾸준히 지속하고 채운다면 정신력과 멘탈이 정말 강해집니다.

특히 인터넷 뉴스는 자극적이고 부정적인 뉴스들이 대부분 입니다. 그것이 대중의 이목을 끌어 시청률에 관여해 돈이 되기 때문에 그렇습니다. 눈을 뜨고 일어났을 때 안 좋은 뉴스들을 접하다 보면 우리내면의 생각과 잠재의식 속에 부정적인 것들이 쌓이고 자리 잡습니다.

바이러스가 전염성이 강하죠. 하지만 부정적인 뉴스와 생각들로 오는 걱정과 염려는 그 전파력이 매우 빠르고 우리를 쉽게 두려움에 휩싸이게 할 만큼 강한 힘을 가졌습니다. '실업률은 올라가고 취업난에 자영업자들은 어렵고 각종 시험은 통과하기 어려워서 세상이 이렇게 어려운데 나도 잘 안 되는 것 아냐?' 라는 예상과 사건, 사고가 내 주위에도 일어나지 않을까 하는 부정적인 생각, 물론 조심은 해야겠지만 웬만한 주위사람들은 다 잘 살아가고 있는 걸 보게 됩니다. 뉴스에 나오는 것은 5천만 인구 중 1~2명 특이 케이스를 크게 자주 보여 줍니다. 그래서 마치 내 주위에도 이런 일이 일어날 것이라고 생각 하게하는 부정적 오류를 범하는데, 이것을 일반화의 오류(개별 사례를 보편적 상황에 적

습관을 만들고 목표를 이루는 기술

용하여 발생하는 오류)라고 합니다. 대부분의 미디어와 뉴스는 대중을 쉽게 사로잡기 위해 자극적이고 흥미를 끌 만한 쉬운 기사를 반복적으로 송출하고 보여줍니다. 그 가운데서 유익한 기사와 좋은 정보를 습득하려면 자신의 작은 의지와 약간의 학습이 필요합니다.

카카오 톡과 메시지, 뉴스와 미디어 등에서 자유로운 시간을 확보해야 합니다. 우리가 자는 동안에도 수많은 정보가 쌓이게 되고 그것들이 우리를 기다리고 있습니다. 눈을 뜨고 자극적인 정보, 개인 메시지들과 전쟁 같은 오늘 처리해야 할 일 들을 먼저 본다면 그때부터 에너지가 분산됩니다. 방해 받지 않는 시간, 오로지 내게 유익한 습관으로 에너지를 보존하고 채우는 시간을 만들어야 합니다. 평소 일어나는 시간보다 20~30분 먼저 일어나는 것이 효율적입니다.

시간관리를 잘하고 싶은 사람들이 많습니다. 시간은 지위와 가진 것에 상관없이 누구에게나 똑같이 분배됩니다. 모든 사람에게 공평한데 처음에는 시간을 써서 돈을 벌겠지만, 후에는 돈으로 시간을 확보합니다. 또 지혜로운 사람은 돈보다 소중한 것이 시간임을 깨닫고, 평소 일상에서 중요한 일을 하는 시간을 확보합니다. 그리고 소중한 일에 지금의 시간과 에너지를 투자합니다.

급한 일과 중요한 일, 둘 다 해야겠지만 시간관리에 있어 당장 급하지 않지만, 삶에서 가장 중요한 일들을 해야 하는 소중한 구역이 있습니다. 일상에서 급하진 않은데, 중요한 것을 조금씩 먼저 하는 습관을 통해 정작 위급한 일이 닥칠 때 대응 하는 능력을 기를 수 있어요. 또 어려운 일을 미연에 방지하는 유비무환의 자세를 가질 수 있습니다.

'가장 중요한 일들이 별로 중요하지 않은 일들에 의해 좌우되어서는 안 된다.' – 괴테

급하지는 않은데 삶에서 가장 중요 한 게 무엇일까요? 바로 독서, 운동, 명상, 기도, 긍정확언, 생산적인 글쓰기, 다른 사람에게 대하는 조금 좋은 태도, 그리고 성실함과 꾸준함 등일 것입니다.

이런 것은 당장 하루 안 해도 티가 나지 않습니다. 하지만 꾸준히 해놓으면 삶이 건강하고 조화롭고 풍요로워집니다.

에너지(Energy)를 얻는 빛의 사람들. (Energetic person)

1,000일이 넘게 미라클 모닝을 지속해봤고 10년 가까이 습관

습관을 만들고 목표를 이루는 기술

을 들이며 지내왔습니다. 숙면과 단잠에서 깬 이른 시간은 에너지가 충만하고 방해받지 않고 고요합니다. 특히 좋은 습관에 명쾌하게 집중할 수 있는데 이것이 미라클 모닝(Miracle morining)의 큰 장점입니다.

사람은 밝은 자연 빛인 햇빛으로 에너지를 얻습니다. 이는 낮 동안 힘내서 공부와 일할 수 있게 해주며 활기찬 생활을 하고 다시 밤이 되었을 때는 깊은 단잠을 자도록 도와줍니다. 장시간 강한 직사광선의 햇빛 노출은 되도록 피하고(피부를 위해 자외선 차단크림 이나 눈 보호를 위해 선글라스 착용을 해주면 좋고) 쉬는 시간에는 채광이 잘 드는 밝은 곳에서 잠시 쉬거나 차를 마셔도 좋은 효과를 얻습니다. 아침에 짧은 운동, 독서 등의 습관으로 인해 경쾌한 하루를 보낼 수 있습니다. 이렇듯 일찍 일어나는 것이 좋고 미라클 모닝의 효과와 우수성을 인정합니다. 하지만 사람들의 라이프스타일이 각자 다릅니다. 예를 들어 저녁까지 영업을 하시는 분도 있고 사람과 사회를 위해 귀한 직업적인 소명으로 밤에 일하시는 분들은 늦게 잘 수밖에 없습니다. 늦게까지 일하시는 분들은 당연히 아침 일찍 일어나는 것이 물리적으로 힘이 들고 맞지 않습니다. 그리고 일반적인 9 to 6 의 근무시간을 가진 분들도 새벽 또는 아침 일찍 일어나는 건 쉬운 일은 아니죠. 그럼에도 많은 고전과 책, 리더들은 할 수 있다면 밤에는 숙면을 통해 피로를 없애고 재충전으로 모든 스트레스를 잠으로 해소하라고 조언합니다.

그리고 각자의 환경이 허락하는 한 빛의 사람들답게 틈틈이 햇빛으로 에너지를 얻고 밝은 낮에 활기찬 활동을 하라고 권유합니다. 아침 햇빛을 받으면서 하는 조깅이나 운동은 하루를 주도적으로 살아가는 에너지를 만듭니다. 5분 정도 햇빛이 드는 밝은 곳에 있어도 좋고 흐린 날에도 아침에는 밝은 곳으로 가는 것이 좋습니다. '비가 오거나 날씨가 잔뜩 흐린 날은 어떻게 해야 하나?' 라는 질문이 들 수 있습니다. 삶과 같이 날씨 또한 늘 좋지 않기에 화창한 날에 습관적으로 빛 에너지를 얻어야 합니다. 영어로 'Save for a rainy day' 라는 문장이 있습니다. '어려울 때를 대비해 아껴두거나 비축해두다.' 라는 의미입니다. 에너지를 얻고 쌓아두는 습관은 흐린 날에도 밝은 날의 에너지를 나누어 쓰는 효과를 느끼게 합니다. 조금씩 했던 습관이 진가를 발휘하고 힘들여 했던 노력이 배반하지 않는 것을 깨달을 수 있습니다.

미라클 모닝과 그리고 더 중요한 것

많은 사람들이 '미라클 모닝'이라고 하면 일찍 일어나는 것에 중점을 둡니다. 제가 수년 동안 좋은 습관과 미라클 모닝을 하면서 깨달은 점은 일찍 일어나는 것 보다 하루를 시작하는 첫 시간에 무엇을 하느냐가 더 중요했습니다. 여러분이 미라클 모닝으로 새벽에 일어나든, 오전에 일어나든 전날 야근으로 오후에 일어나든 상관이 없습니다.

중요한 건 눈을 뜨고 일어났을 때 30여분 정도는 자신에게 가장 유익이 되는 진리와 같은 좋은 습관을 접하고, 일정한 시간에 꾸준히 할 때 강한 멘탈이 만들어집니다. 마음이 건강해지며 용기가 생기고, 긍정적인 생각이 쌓여 단단히 자리 잡습니다.

진리는 영원한데 변하지 않는 것을 말합니다. 시간이 지나도 변하지 않는 좋은 습관은 독서, 운동, 기도, 명상, 글쓰기와 같은 것들입니다. 이와 같은 습관은 누구에게나 적용하면 유익이 됩니다. 유튜브, SNS 등의 숏폼 영상처럼 세속에서 보여주는 행복은 빠르고 화려하고 자극적입니다. 하지만 독서, 운동, 명상, 기도와 같은 습관은 화려하고 자극적이진 않지만 조금씩 계속 하면 정서적으로 우리에게 큰 안정과 참된 행복감을 가져다줍니다. 지속

할수록 삶의 내공은 쌓이고 비교하는 삶이 아닌 다른 누구와 대체 불가능한 자신의 삶을 살게 됩니다. 좋은 영향을 나타내는 내면과 외면이 아름다운 사람이 됩니다.

아침의 유익은 분명히 있습니다. 아침은 모든 감각이 예민해지는 시간입니다. 조용해서 작은 소리도 크게 들리고, 일상의 소소한 것이 그제야 보입니다. 미처 몰랐던 것을 깨닫게 되고 당연하다고 생각했던 것들이 소중하게 느껴지기도 합니다. 몸이 회복한 상태라 이 시간에는 좋은 것들을 빠르게 흡수하고 크게 소생합니다. 아침은 감각이 민첩해지고 깨달음과 감사가 있으며 진정한 회복이 있습니다. 이 시간을 잘 활용해 소중한 것을 해보세요. 인생의 타이밍을 기다려야겠지만, 좋은 타이밍을 사용해야합니다. 아침에 좋은 것을 읽고 들으세요. 에너지를 섭취하고 움직여보세요. 아침에 친절해보세요. 미소를 띠우고 마음을 가볍게 하세요. 아침마다 기쁨과 감사와 회복이 늘 새로울 것입니다.

세속으로부터 오는 안 좋은 것은 걱정과 염려를 불러옵니다. 하지만 좋은 책은 긍정적인 글과 언어가 있어서 우리의 마음을 강하게 해주고 정서를 좋게 만들어줍니다. 이 습관들로 분명 좋은 정신력과 강한 멘탈을 가지는 사람이 될 것입니다.

습관을 만들고 목표를 이루는 기술

자기계발의 진정한 의미

———

　자기계발하면 어떤 이미지나 생각이 떠오르시나요? 노력해서 성공해야 되고 완벽하게 살아야 할 것 같고 자기관리를 투철하게 해야 하는 것이 떠오를 수 있습니다. 국어사전에는 '잠재되어 있는 사상이나 슬기, 재능을 일깨우고 깨닫는 것'을 자기계발이라고 나와 있습니다. 이 뜻 안에는 노력해서 성공해야 하고 완벽하게 살아야 하고 자기관리를 열심히 하라는 말이 들어가 있지 않습니다. 그러면 무엇일까요? 우리가 독서 하고 강연을 들으면서, 그 안의 작가의 좋은 생각과 내용, 가치관 등을 깨달아가는 과정이 자기계발의 의미입니다.

계 啓 일깨우다 할 때 '계' 자를 써서 자기계발이라고 하고 반면에 자기개발은 자신의 지식이나 재능, 특기, 기술 등을 더 발전하게 한다는 뜻입니다. 악기 연주, 운동 능력 향상, 글쓰기, 프레젠테이션 스킬, 학습 능력 등을 연습하고 반복, 훈련해서 더 탁월하게 하는 것을 자기개발이라고 합니다. 제가 이 말을 하는 이유는 자기계발에 대한 오해들이 있어서 그 뜻과 의미를 바로잡고자 글을 쓰게 되었습니다.

저는 책을 읽는 분들을 많이 만나는데 책은 좋아하지만 자기계발서는 싫어하거나 읽지 않으시는 분들이 계셨습니다. 그 분들의 삶의 이야기를 들을 때, 하고 있는 많은 것이 자기계발과 자기개발에 관련되었습니다. 독서를 하고 필사를 하기도 하고 토론도 하며 재테크 또한 똑 부러지게 합니다. 운동도 병행하면서 인간관계를 잘 맺기 위해 노력합니다. 하고 있는 많은 것들은 자기계발에 관련된 것들이라 할 수 있었습니다.

또 이렇게 자기계발의 오해가 생긴 이유는 그 동안 일부 자기계발서적을 낸 작가들과 강사들이 성공학의 한쪽에 너무 치우친 것도 있고, 이런 경우에는 이렇게 하라, 이 문제에서는 저 방법을 쓰면 된다고 마치 자신의 방법만이 문제를 해결하는 정답인 것처럼 얘기를 해서 읽는 일부의 독자들에게 거부감이 생긴 것이

습관을 만들고 목표를 이루는 기술

있어서 그런 것 같습니다. 제가 다시 말하고자 하는 것은 자기계 발은 단지 세속적이고 성공주의에만 국한된 것이 아닌 좋은 것과 진리를 읽으면서 사색하며 깨달아가는 과정이고 삶을 조화롭게 하는 자신을 건강하게 하는 뜻입니다.

생산적인 사람

———

생산적인 사람은 전문가가 될 가능성이 큽니다. 독서와 좋은 습관으로 인풋이 많아지고, 여러분 삶을 좋은 것들로 채운다면 물이 흘러넘치듯이 아웃풋이 나올 것입니다.

책을 읽는 사람으로 시작해 실행하는 생산하는 사람이 됩니다. 실행하는 사람은 인생과 삶에 분명한 비전이 생겨요. 그리고 앞서 이야기한 시간관리처럼 삶에서 가장 중요한 것을 먼저 합니다. 생산적인 사람은 좋은 변화를 만들어 내는 행동을 합니다. 삶에서 가장 중요한 것을 하는 시간을 만들고 확보합니다. 그리고

습관을 만들고 목표를 이루는 기술

불필요한 것들은 버릴 줄 알고 한 가지 중요한 일부터 집중합니다. 몰입의 즐거움을 진정 알게 되며, 아이디어로 창조력이 좋아집니다. 다른 사람들도 생산적이고 창의적인 사람이길 바랍니다. 어느 한 분야의 선생이 되어 또 다른 전문가와 좋은 리더를 만들어 냅니다.

좋은 습관은 자기관리의 영역입니다. 짧게 해도 계속하기만 하면 잔에 물이 넘치듯 자연스럽게 나와 다른 사람에게 또 사회에 영향을 끼칩니다. 인풋의 습관으로 지식이 쌓이고 재능이 생기면, 소기의 목표를 세워 이뤄가는 생산적인 활동이 병행되어야 합니다.

내적으로 발전하게 되고 인격적으로는 성숙하게 됩니다. 다른 사람이 봤을 때도 실력과 능력을 갖춘 비범한 사람이 됩니다. 좋은 말과 행동을 하는 사람, 아이디어를 내는 사람, 가치 있고 옳은 일을 하는 사람, 학업에서 진전을 내고 직장, 사업에서 성과를 내는 사람, 반대로 실패에도 다시 전진하는 사람이 바로 생산적인 사람입니다. 용기라는 것은 결과를 알 수 없지만 겁내지 않고 옳은 것을 하는 것이 용기입니다.

할까 말까 망설여 질 때

실행하는 것마다 다 성공할 수 없을지 모릅니다. 하지만 실패를 두려워하지 않고 해야 두려움은 작아지고 실행력이 커집니다. 결과의 실패, 성공에 일희일비하지 않고 객관적이고 주관적인 피드백으로 이어가야 해요. 보통 사람들은 행동보다는 생각과 말이 많습니다.

이제 실행력을 높여야 합니다. 먼저 해야 할 것은 명철하게 분석하는 지략을 세우는 일입니다. 생각하지 않고 바로 해라는 건 좋은 습관의 이야기입니다. 반면 목표 성공의 비결은 전략과 지략의 많음에 있습니다. 그렇지만 전략을 짜는데 시간, 에너지를 과도히 쓸 수 없습니다. 지략을 세우고 준비가 되었다면 행동하면 되죠. 특히 할까 말까 주저할 때는 그 성공 가능성이 30~70% 라고 예상될 때 실행하면 됩니다. 너무 큰 목표로 압도당하지 않아야 하고 많은 생각으로 우유부단해 하지 않아야 합니다. 생각과 실행의 간격을 줄이고 완벽하지 않아도 빠르고 꾸준히 실행하는 편이 더 낫습니다. 결과를 보고 이후 수정하고 개선해도 괜찮습니다. 한발 나아갔다는 것에 의의를 두고 혹시 실패하거나

습관을 만들고 목표를 이루는 기술

원하는 결과가 오지 않다고 할지라도 쉽게 낙담하지 않아야 합니다. 어디에서 좋은 결과가 나올지 사람은 다 예측할 수 없습니다. 가치 있는 비전과 목표, 자신이 가장 하고 싶은 일을 할 때 좌절하지 않고 앞으로 나아갈 수 있습니다. 결과를 알 수 없더라도 하고자 하는 비전이 정말 옳은 길이라는 용기와 통찰이 있기 때문입니다.

원하는 결과가 나오지 않았다면 수정하고 보완하거나 다른 방법을 찾아보는 것입니다. 이미 그 분야에서 성공한 사람들의 감각을 배우고 자신에 것에 적절히 적용하는 벤치마킹도 해야 합니다. 성공하게 되면 더 발전하도록 개발하고 또한 자만하지 않게 살펴야 합니다.

실천은 변화를 부릅니다. 작은 성공은 성취감을 느끼게 해주고 지속가능하게 합니다. 꾸준히 자신만의 성공방정식을 만들어보세요. 그리고 이미 성공한 사람들과 책, 교육, 시도한 경험을 통해 배웁니다. 한번 성공궤도에 오르면 그다음엔 실패하는 것이 더 어려울지 모릅니다. 가치 있는 비전을 세우고 작은 목표를 이루어 가는 실천가와 생산자가 되어 보십시오.

하루를 시작하는 첫 번째 행동이 나를 결정한다

1. 첫 번째 읽는 것

나에게 가장 유익이 되는 글을 읽으세요.

2. 첫 번째 움직임

스트레칭으로 뭉친 근육을 풀고 가벼운 유산소, 무산소 운동으로 심장을 튼튼하게 하세요.

3. 첫 번째 먹는 것

견과류와 샐러드, 닭 가슴살, 해산물 등으로 가장 좋은 나를 만드는 음식을 드세요.

4. 첫 번째 공간

밝은 곳과 신선한 공기를 마셔보세요. 햇빛은 감정을 좋게 하고 쉼 호흡은 말을 잘할 수 있게 합니다.

5. 첫 번째 창작

짧은 글을 쓰세요. 중요한 것을 써서 하루가 단순해지고 알고리즘의 선택을 받는 플랫폼에 올려 영향력을 확대해보세요.

습관을 만들고 목표를 이루는 기술

습관과 목표를 이루는
슈퍼멘탈(super mental) 갖는 법

집중력이 약해지는 시대

집중력이 약해지는 시대입니다. 짧은 숏폼 영상이 인기 있고 빠른 배달음식과 새벽 배송 등은 즉각적인 결과를 얻는 심리와 편리함으로 성행합니다. 빠른 보상이 있는 시스템이 편리 하지만 두뇌는 더 피곤해지고 어느 것 하나에도 집중하지 못하게 합니다. 영상을 빠른 배속으로 보고 뉴스기사를 확인하면서 메시지를 하면 한 번에 많은 일을 처리할 것 같지만 불필요한 멀티태스킹 은 에너지를 빨리 방전하는 요인이 됩니다. 훌륭하고 탁월한 결과는 하나에 몰입했을 때 나옵니다. 중요한 한 가지를 먼저 보고 실행해야 합니다. 요즘 친구들도 도파민 사용을 잘하지 못해 집중력이 쉽게 바닥나고 누워서 숏폼 영상을 보며 무기력하게 지낼 때가 많다고 합니다. 스터디카페와 독서실에서 공부를 하다 보면 많은 학생들이 오랫동안 공부에 집중하지 못하고 스마트폰을 수시로 봅니다. 평균 집중하는 시간이 몇 분이 채 되지 않는다는 뉴스를 보면 무언가에 몰두하는 것 자체가 희소해지고 있습니다. 자극이 없을 때는 무심결에 스마트폰을 켜게 되는 것입니다.

우리는 집중력보다 자극을 원하는 시대에 살고 있습니다. 강도 맞은 것 같은 정신력은 우리의 집중력을 무력화 시키고 있습니다. 독서모임에 나오는 분들도 비슷한 얘기를 하는데 그 무료함을 탈피하기 위해서라도 일부러 좋은 모임에 나가 생각을 정리하고 대화로 영향력을 주고받으려고 합니다. 집중력을 키우는 곳에 가거나 회복할 수 있는 환경조성이 삶에 필요합니다.

차단

예전부터 미국과 선진국의 사람들은 주말에 캠핑을 가는 것을

습관을 만들고 목표를 이루는 기술

즐겨왔습니다. 캠핑을 가는 목적은 자연 속에 들어가 눈과 귀, 오감으로 자연을 즐기는 것입니다. 우리나라도 최근 캠핑이 유행이긴 하지만 그곳에서도 태블릿과 스마트 폰을 보고 밤에도 조명을 켠다면 캠핑의 진정한 효과를 얻기는 어렵습니다.

　도시의 인공조명이 없는 자연 속에서 밤은 깜깜해지고 낮에는 화창한 햇빛을 쐬고 바람과 새소리를 듣습니다. 주중 평일의 고민과 상처, 치열한 욕심 보다는 자연에 몸을 맡긴 채 별 생각 없는 멍을 때리면서 캠핑을 합니다. 그런 시간을 보내면서 몸속의 세르토닌과 멜라토닌을 정상화 시키는 것이 자연 속 캠핑의 치유입니다. 그런 이유로 미국 사람들이 정신적인 건강을 위해 주말에는 가족과 연인, 친구와 캠핑을 갑니다. 이런 휴식과 재충전이 있을 때 몸과 멘탈의 매커니즘이 정상적으로 돌아오고 삶이 전반적으로 회복(recovery)이 됩니다. 역량을 나타내야 할 때 압도적인 능력으로 성과를 나타내죠. 또 긴장을 풀어야 할 때는 미소와 여유로움으로 사람과 분위기를 유쾌하게 합니다. 선진국과 미국을 마냥 부러워하고 우상화 할 필요는 없지만 그들이 앞서 가고 진짜 건강한 이유를 찾고 적용할 필요가 있습니다. 그들의 IT 기술과 글로벌 기업들은 항상 앞서 가고 문화 예술 또한 깊이가 있습니다. 인문학적인 사고와 행동들이 고리타분해 보이고 산술적으로 당장 빠른 결과를 얻지 못하는 것 같지만 시간이 갈수록 진가를 발휘하고 압도적으로 앞서가게 합니다.

집중력을 앗아가는 시대. 책도 앞부분만 보고, 콘텐츠의 내용을 깊이 파악하지 않으면 문해력이 떨어져요. 피상적(현상과 사물의 원인과 인과관계보다는 눈에 보이는 일시적 현상만 보는 것)이고 빠른 결과만을 얻는 이 시대가운데 본질을 찾아 깊이 있게 생각하고, 민첩하게 행동할 때 슈퍼멘탈을 갖고 시대와 사람들을 선도하는 리더가 될 것입니다.

슈퍼멘탈 (super mental)

또 슈퍼멘탈을 가지려면 강한 믿음과 긍정 에너지를 가져야 합니다. 믿음은 확신하는 것에서 생깁니다. 그리고 긍정 에너지는 과신하는 것이 아닙니다. 실패를 생각하지 않는 과신적인 긍정보다는 현실을 직시하며 상황을 유리하게 이끌어 가는 지혜가 현실적인 긍정입니다.

올바른 태도와 습관, 자세가 멘탈을 바로 세우는 기본 3요소가 됩니다. 삶에서 흔들리지 않는 강한 확신을 찾아야 합니다. 나에게 잘 맞는 습관은 실패가 없고 할수록 이득이 됩니다. 부자가 되

습관을 만들고 목표를 이루는 기술

기 위해 독서 하는 사람들도, 유행하는 성공 노하우는 시기가 지나면 실패할 수 있음을 깨닫습니다. 그렇기 때문에 독서를 할수록 실패를 겪지 않는 진리의 방법을 찾고자, 인문고전을 보게 되는 것입니다. 성경에서 예수님은 제자들에게 너희가 씨앗만한 작은 믿음만 있어도 산을 옮길 수 있다고 했습니다. 그만큼 사람에게는 긍정적인 믿음이 작다는 것을 비유적으로 얘기한 것이고, 올바른 믿음이 있다면 그 크기가 처음엔 작다 해도 후에 일어나는 위력은 어마하다고 설명한 것입니다.

본질이 있는 괜찮은 메시지 안에는 큰 위력이 있습니다. 작은 곤충의 날개 짓이 먼 거리에서 토네이도를 일으키는 나비효과처럼, 시간이 지나도 많은 사람에게 깊은 울림을 주고 큰 영향을 전파합니다. 과거의 상처, 현재의 불안, 미래의 두려움으로 긍정적인 마음은 금방 약해집니다. 자기연민도 하나의 감정이고 자신을 잘 돌보는 기법으로 쓴다면 심리를 치유하는데 도움이 됩니다. 자신이 제일 불쌍하다고 여기는 자기연민에 깊게 빠진 사람은 결핍을 다른 사람으로 채우려 한다거나 상대를 조정하는 경우도 있습니다. 또 사람들에게 자신의 아픔을 토로하며 관심을 받으려는 욕구가 강합니다. 상처를 보듬어주고 서로를 위로하는 것도 치유의 과정입니다. 하지만 관심과 인정의 욕구가 지나치면 기대

했던 자신도 실망하게 되고 지친 상대와도 거리가 생길 수 있습니다.

부정적인 생각 한번은 긍정적인 생각 일곱 번으로 없어진다는 말도 있어요. 그만큼 부정적인 생각은 잘 없어지지 않아요. 일곱 번은 고전에서 완전수라고 표현하는데 아마 부정적인 생각은 삶을 살아가는 동안 없어지지 않을 인생의 고뇌와 같습니다. 안 좋은 생각을 완전히 없앨 수 없다면 줄이고 긍정적인 생각에 집중해야 합니다.

슈퍼멘탈을 가진 리더가 되려면 특히 풍겨지는 포스(force, 강력한 기운), 분위기가 중요합니다. 그들은 좌중을 압도하고 상대를 리드하는 분위기를 내기 위해 노력합니다. 긍정 확언과 자기암시, 이미지를 트레이닝을 그들이 중요시하는 이유입니다. 반복된 습관과 확신 있는 말, 자신감 있는 행동은 열정과 에너지를 뿜어내게 합니다. 그것들을 슈퍼멘탈을 가진 리더의 삶에 완전히 녹아 스며들 때까지 추구합니다. 자신의 업적에서 선두로 치고 나가고 위기 상황에도 완전히 쓰러지지 않는 이유는 신념과 긍정적인 믿음을 깊게 뿌리내려서입니다. 비바람이 와도 잠시 흔들릴지언정 뽑히지 않고 원래의 자리로 빠르게 복구합니다.

리더는 팔로워들에게도 자신의 좋은 가치관을 확신있게 말해

습관을 만들고 목표를 이루는 기술

야 합니다. 한번 말한 것을 또 말하는 것이 식상할 수 있겠지만 사람들에게도 좋은 가치관을 스며들게 할 때까지 되풀이해야 합니다. 너무 똑같은 말이 지루하다면 표현을 달리하는 다채로움을 가져야합니다. 가치관에 있어서는 직관적이되 단조로운 표현을 없애야 하는 것이죠. 이런 표현은 다양한 독서와 경험, 사색을 통해 이루질 수 있습니다.

몰입

많은 일을 동시에 하는 것은 내가 다 할 수 있다는 자만심과 효율적이라는 착각에서 기인합니다. 영상을 빠른 배속으로 보고 뉴스기사 확인, 메시지 등 한 번에 많은 정보를 얻으려는 것 또한 에너지를 빠르게 방전하는 주된 요인입니다. 과정과 결과 두 가지가 동시에 좋으려면 한 가지씩 중요한 일을 해야 합니다.

집중한다는 것은 더 건강해지는 것입니다. 몰입은 가장 나다운 삶에 완벽히 빠져드는 상태입니다. 몰입 상태에서는 에너지가 사용되고 많은 시간이 소비되어도 피곤한 줄 모르고 시간이 가는 줄도 모릅니다. 긴장 상태에서 시작한 일은 어느덧 의식하기도 전에 저절로 손과 발은 움직이고 땀으로 흠뻑 젖은 상태에도 아랑곳하지 않고 오히려 상쾌한 감정이 듭니다.

몰입은 스트레스와 염려에서 자유로워지는 시간입니다. 영혼이 순수해지고 몸이 리드미컬한 파도에 맡겨진 채 무거운 짐에서 자유로워지는 시간입니다. 자신의 일을 마치 춤추듯이 하고 있을 때 무겁게 짓누르는 중력을 이기기라도 한 듯 누가 불러도 듣지 못하고 힘이 드는지도, 일상의 고뇌도 잊게 합니다. 생각과 행동, 의지가 하나가 되는 혼연일체가 되어 완전 다른 사람으로 변화됩니다. 몰입은 환경과 사람이 주는 상처가 완전히 차단된 채 자신이 잘 할 수 있는 일에 전심전력 하는 행복감을 느끼는 시간입니다. 가지고 있는 에너지와 분산된 정신을 하나로 모아 학업과 일에 쏟아 넣는 작업이며 산만과는 반대의 의미입니다. 단번에 몇 단계 뛰어오르는 퀀텀점프 는 습관과 몰입이 수반되었을 때 일어납니다.

성장은 완만하고 조금씩 오르는 우상향을 그리기도 하지만 임계점을 넘었을 때 비약적인 점프를 합니다. 대신 임계점을 넘길 때까지는 부단한 습관과 꾸준한 노력이 동반되어야 하죠. 놀랍고 만족할 만한 결과가 산출되었을 때 더 강인한 멘탈의 사람이 될 것입니다.

습관을 만들고 목표를 이루는 기술

자신감과 기세

자신감이 있으려면 기본 실력이 밑바탕이 되어야 합니다. 자신 감은 흔들리지 않는 확신에서 나오는데 특히 기본기가 탄탄하다 면 쉽게 무너지지 않습니다. 힘 있게 영향을 끼치는 기운 즉, 기세 로 이어집니다. 거만하고 오만한 행동이 아닌 올바른 태도의 자 신감이 중요합니다. 배움과 경험을 통해 기본 실력을 다져야 합 니다. 두려움 없는 담대함은 믿음과 실력이 동반 되면 더 커집니 다. 확신 있게 말하고 분위기를 밝게 해 줄 표정과 적절한 제스처 도 필요합니다. 비언어적인 표현인 눈빛과 행동, 미소에 신경 써 보세요. 틈틈이 아이 콘택트(eye contact)로 소통하며 진정성과 관심을 높여 보세요. 진정성과 진실성은 평소 삶에 대한 자세로 그 사람의 진가가 됩니다. 거기에 유창함과 화려함의 스킬을 하 나씩 접목 시키면 매력은 배가 됩니다. 탄탄한 기본기를 바탕으 로 화려한 기술을 하나씩 접목해 사용하려면 학습을 계속하고 상황을 유연하게 잘 파악해야 합니다.

말을 할 때도 확실한 맺음말 처리로 간결하고 확신 있게 말하 는 것이 기세를 높일 수 있습니다. 평소 행동을 민첩하게 하고 허리를 펴 복식호흡으로 배에 힘을 주고 말하는 것도 도움이 됩니다. 호흡만 제때 해줘도 여러 사람들 앞에서 말은 잘 할 수 있습니다. 특히 말을 할 때는 호흡을 놓치는 경우가 많습니다. 그렇기 때문에 평소 복식호흡을 습관화 시켜야 합니다. 코로 길게 들이쉬고 잠시 멈췄다가 내쉴 때 조금 더 길게 내셔야 합니다. 발표를 하거나 사람들 앞에서 말할 때도 중간에 호흡을 하면 침착하고 떨지 않게 말할 수 있습니다. 호흡이 없으면 말을 다 마치기도 전에 호흡이 딸려 준비한 말을 다하지 못합니다. 처음엔 강하고 크게 말해서 집중시킨 다음 공감을 이끌어내는 부분에서는 부드럽게 이야기하고 맺음말은 강단 있게 끝내는 템포를 익히면 호소력 있게 전달됩니다.

스피치도 리드미컬하게 하면서 템포에 맞는 적절한 제스처는 감칠맛을 내게 하는 소스와 같습니다. 평소 70%는 준비된 좋은 말을 하고 30%는 번뜩이는 재치를 발휘해보세요. 준비되진 않았지만 대화의 흐름에 맞는 즉흥적인 애드리브는 재치를 발휘하게 합니다. 결말이 보이는 뻔한 이야기가 아닌 예상치 못한 말과 능수능란한 유머는 말솜씨를 더 돋보이게 합니다. 상황을 보고 허를 찌르는 말과 식상하지 않은 대화가 위트(wit)라는 무기를 가지게 합니다. 특히 저는 습관을 들이면서 위트와 유머를 더 갖추게

습관을 만들고 목표를 이루는 기술

되었는데요, 두뇌와 몸에 새겨진 습관적인 것들이 자연스럽게 나옵니다. 대화들 속에 위트와 재치는 나도 모르게 어느새 발휘됩니다.

슈퍼멘탈을 가지는 노하우

1. 잠시 자극적이고 빠르고 화려한 것을 피해보세요.

(도파민 보호)

2. 멀티태스킹을 하지 말고 한가지 씩 일을 처리해보세요.

3. 10분이라도 집중해서 몰입의 행복감을 느껴보세요.

(행복 호르몬 세르토닌)

4. 시작이 반이지만 작은 일이라도 완료해보세요.

(도파민 사용)

5. 성취감은 다음 일도 잘해낼 수 있는 자신감을 고양시킵니다.

(좋은 도파민 분출)

6. 좋은 태도를 확정하고 긍정 생각을 몸에 완전히 스며들 때 까지 되풀이 하세요.

7. 좋은 말은 반복해서 하세요. 표현이 식상해지면 독서를 통해 단조로운 표현이 아니라 다채롭게 말해보세요.

8. 바른 태도와 긍정 언어는 몸과 정신, 마음에 완전히 스며들 때까지 합니다. 강력한 기운과 고결한 분위기를 느끼게 하는 포스 (force)는 스스로 훈련해서 만들 수 있습니다.

9. 마음을 먼저 가꾸고 외적인 것을 가꾸세요. 마음에서 우러나 오는 것이 몸에서 자연스럽게 표현되고 첫인상은 외모에서 많이

습관을 만들고 목표를 이루는 기술

비춰집니다. 무조건 예쁘고 잘생긴 외모지상주의가 아닌 자신의 매력을 잘 살리고 단정하고 깔끔하게 꾸미는 게 대체적으로 좋습니다.

10. 자신에게 잘 맞는 건강습관과 작은 성공을 이루세요. 습관은 성공을 이루는 체력이 되고 작은 성공은 도전에 용맹함을 더합니다.

11. 힘든 상황과 사람에게 신경 쓰기보다 자신의 삶에 몰입하세요. 높이 비상하면 상처 주는 사람은 떨어져 나가게 되어있습니다. 상처가 차단되는 몰입의 행복감으로 영혼이 기쁘고 환경과 사람으로부터 자유로워집니다.

12. 슈퍼멘탈은 어려움의 과정을 지내며 통과 했을 때 형성됩니다. 지금 난처하고 힘든 경험이 오히려 돈이 되고 자산과 성공의 재료가 된다는 걸 잊지 마세요.

13. 비언어적인 표현인 몸짓, 행동, 제스처, 눈빛에 신경 쓰세요. 유창히 말하기 전에 평소 자세와 표현, 진정성이 그 사람을 나타냅니다.

14. 담대함과 자신감은 흔들리지 않는 기본기에서 나옵니다. 학습과 경험을 통해 탄탄한 기본실력을 다지세요.

15. 배움을 통해 확신 있게 말하고 결말이 보이는 식상한 이야기가 아닌 번뜩이는 재치와 허를 찌르는 위트(wit)로 유쾌한 사람이 되어보세요.

Chapter 2.

좋은 습관 형성,
습관에 대한 통찰

습관에 대한 통찰. 진정한 자유를 주는 습관

습관이 구속?

어느 유명한 철학자는 이렇게 말했습니다. '사람에게 습관의 그물을 짠다는 것은 그 사람의 자율성과 개성을 파괴하는 것이다.'

하지만 좋은 습관이 과연 자율성을 파괴하고 사람을 구속하는 것일까요? 여러분이 운동을 건강하게 하면 나중에 큰 질병으로부터 자유로워집니다.

독서를 계속하면 지식과 지혜, 실행력이 좋아져서 게으름과 기

습관을 만들고 목표를 이루는 기술

존의 타성의 삶에서 자유로워집니다. 근면 성실한 습관과 태도는 경제적으로 자유로워질 가능성이 높아집니다.

기도와 신앙생활을 꾸준히 하면 영적으로 자유로움을 느낍니다. 그리고 개인이 좋아하고 유익한 습관을 언제든 더 하고 뺄 수 있는 자유가 있습니다. 또 삶에서 중요하고 본질적인 것을 먼저 해놓으면 그 다음부터는 하고 싶은걸 할 수 있는 자유 함 또한 있습니다. 자리가 사람을 만들 듯, 분명 습관이 사람을 만듭니다.

꾸준한 것이 중요한 이유
(예민한 직장 상사가 있다.)

직장상사가 어느 날은 기분이 좋은데 감정의 기복으로 다음날은 분위기가 냉랭하고 날카롭다면 동료와 부하직원들은 그때부터 그 상사의 예민한 기분이 어떤지 눈치를 살피며 일해야 하는 불편함이 생깁니다. 소위 성공한 사람, 내공 있는 부자들을 보면 그들은 조금 무뚝뚝하고 너무 즐겁지도 또 반대로 실패로 좌절해 있지 않은 모습을 봅니다. 그런 모습에 뭔가 벽이 느껴지고 재미가 없다고 느끼겠지만, 그들은 어려운 일이 왔을 때 오래 좌절해있지 않고, 한번 좋은 일이 와도 크게 동요하지 않습니다. 쉽게 일희일비 하지 않는 것입니다. 그러한 꾸준한 태도와 텐션을 유지했기 때문에 높은 곳까지 가고 또 자신의 자리를 지킬 수 있는 것입니다. 단단하고 한결같은 모습의 그들 또한 숱한 어려움이 있었을 겁니다. 경중의 차이는 있지만 불완전한 세상에서는 누구에게나 갈등이 있습니다. 오히려 강해보이는 사람일수록 아픔과 상처를 많이 가진 사람입니다. 상처에 매몰되어 실수를 저지르지 않고 승화시켜 경험과 지식, 지혜를 자신의 발전을 위해 다른 사람을 위해 선용했기 때문에 큰 성공을 거둔 것입니다.

자극적이고 드라마틱한 삶을 원하지만, 일상은 잔잔한 날이 많아요. 별일 없는 보통의 삶을 좋은 자세로 살아낼 때 그것이 진짜 실력이고 재능이 됩니다. 오랫동안 좋은 태도를 유지하는 사람은 많이 없기 때문이에요. 좋은 태도를 꾸준히 유지해도, 그 와중에 스트레스가 와서 다소 흔들릴 수 있겠죠. 하지만 단단히 만들어 놓은 습관이 크게 무너지지 않게 합니다. 소기의 작은 목표도 이뤄간다면 정신력이 강한 사람과 자기 분야에서 두각을 나타내는 대단한 사람이 됩니다.

습관을 만들고 목표를 이루는 기술

제가 하고 있는 습관들

———

제가 주로 아침에 하는 습관들은 다음과 같습니다.

1) 이른 아침은 고요하고 명쾌합니다. 전날의 피로와 아픔이 회복되고 들떠있던 기분도 차분해지는 시간이에요. 하루를 시작하는 Quiet Time. 조용하고 명쾌한 시간입니다. 첫 시간에는 저는 무조건 본질에 가까워지려고 합니다. 진리와 진리에 가까운 글을 읽고 보며 들어요. 생각하며 묵상하고 글을 쓰면서 정리합니다. 본질과 진리에 가까워지면 흔들리고 실패할 확률이 줄어 안정적이고 평안하게 해줍니다. 그리고 에너지가 다시 샘솟고 영감을

떠오르게 하죠. 삶의 의미를 찾을 뿐 아니라 좋은 기억을 되새기게 하고 아이디어가 생깁니다. 이는 곧 생산적인 풍성하고 기회가 열리는 삶으로 만들어 줍니다. 매일 이시간이 감동이 되며 유익이 되어 기대가 됩니다. 늘 새롭고 제게 유익한 이 시간을 가장 소중히 하고 우선순위에 두고 있어요. 저는 아침에 성경과 묵상집, 책을 읽고 사색과 정리를 해서 짧은 글을 씁니다. 글을 쓴 것은 인증하는 방에 공유하거나 개인 SNS 등에 올립니다.

2) 독서는 되도록 여러 권의 책을 빠르게 읽는 편입니다. 다독하는 스타일인데 정보와 지식을 빠르게 흡수할 수 도 있고 독서가 지루하지 않고 연결하는 묘미를 얻습니다. 또 두뇌에도 도움이 되는데 두뇌를 활성화하는 독서 방법은 '두뇌를 활성화 시키는 독서법 (뇌 가소성 높이기)' 편에 나와 있습니다.

3) 명상, 확언, 기도에서 명상은 현재에 집중하는 훈련입니다. 과거의 실패, 상처 또 앞으로 있을 두려움이 아니라 지금 있는 자리, 현재 하고 있는 일에 집중합니다. 눈 감고 복식호흡 한두 번부터 시작하면 됩니다. 확언은 예를 들어 '나는 어려움 속에도 지혜를 내고 문제가 있을 때 침착히 문제를 해결하고 이겨내는 사

습관을 만들고 목표를 이루는 기술

람이다.' 라고 확언하고 기도하는 것입니다. 이루고 싶은 소원을 확언해도 좋지만 더 나은 나의 태도와 자세를 확언하면 응답이 훨씬 빠릅니다.

4) 운동은 유산소 + 무산소 운동으로 예전에는 헬스장에 가서 고강도 운동도 하고 했지만 지금은 많이 건강해지고 컨디션의 상태도 대체적으로 좋아져서 아침에 워밍업 형태로 조금만 해줘도 잠이 깨고 몸과 두뇌가 활성화 되는 편이예요. 매일 고강도로 하기보다 하루의 삶을 잘 살기 위한 도움닫기 형태로 지속하고 있습니다. 또 처음 체력을 올리고 싶다면 일정기간은 유산소와 무 산소 운동을 잘해서 체력을 강하게 하는 시간이 필요합니다.

운동은 나를 소중히 대하는 태도이고 모든 일을 한결 더 쉽게 해줍니다. 몸과 멘탈을 강하게 해줄 뿐 아니라 외부의 스트레스에 대한 면역반응도 높여주었습니다. 실제로 하루도 빠지지 않고 운동하는 몇 년 동안은 감기에 걸리지 않았습니다.

5) 감사일기, 할일은 저는 전날에 좋은 일이 있는 것 진짜 감사한 것 위주로 적습니다. 그런데 어느 날은 감사한 게 아무것도 없는 날이 있었습니다. 감사의 크기가 작아지는 때는 당연하게 생

각했던 것들에 감사하게 됩니다. 아프지 않아 감사하고 일상에서 당연히 누리고 있는 것들을 감사해봅니다. 사람은 가지고 얻을 때 보다 평소 느끼지 못한 잃어버린 건강과 귀중한 물건을 되찾게 되면 그 소중함의 크기를 더 크게 깨닫습니다. 또 문제가 개선되거나 해결되면 감사하고 긍정적인 태도를 갖게 해서 어려움들을 극복하고 이겨내도록 도와주는데 감사하면 회복탄력성이 좋아집니다. 그리고 전날 한 목표를 적습니다. 아침에는 시간이 다 안 되어 못할 수 있어 전날 하루 동안 했던 목표들을 완수하고 기록한 것을 적습니다.

저 같은 경우 글쓰기, 콘텐츠 제작인데 이 목표가 생산적인 활동을 뜻합니다. 제가 말하고 싶은 것이 있다면 책은 평소에 조금씩 꾸준히 읽으면서 가치관을 정립하고 내면을 좋은 것으로 단단히 자리 잡아 놓아야 합니다. 그리고 삶을 변화 시키고 싶다면 좋은 말과 행동을 하고 원하는 목표를 위해 실행해야 합니다. 이미 좋은 변화를 일으킨 선구자들에게 배우면 시간과 에너지를 아낄 수 있습니다.

또 좋은 습관은 삶에서 쉽고, 작게, 자주 하되 비전과 목표를 위한 노력은 집중해서 해야 합니다. No pain, No Gain 고통 없이 얻는 것 없고 아무것도 하지 않으면 아무 일도 일어나지 않는다.

습관을 만들고 목표를 이루는 기술

라는 말이 바로 이 목표를 위한 노력 이예요. 비슷한 목표를 두고 노력하는 사람들과 때로는 경쟁하기도 해야 할 겁니다. 그래서 목표를 위한 노력을 할 때는 집중해서 몰입해서 해야 합니다.

'좋은 습관은 일상에서 작게 자주, 목표를 향한 노력은 집중해서.'

혼자 할 때 미루고 자꾸 딴 짓하게 되면 같은 가치관을 가지는 사람들이랑 같이하세요.

사회적 촉진효과: 바로 누군가랑 같이 했을 때 작업이 개선되고 효율적으로 더 성과를 내는 방법입니다.

오프라인으로 모여서 하는 것도 좋습니다. 또는 왔다 갔다 하는 시간이 소요되고 물리적으로 힘들면 온라인 화상 모임이라도 찾아서 적극적으로 참여해보세요. 온라인상 의 카메라로 자기모습을 비추고 최대한 딴 짓 하지 않고 30분, 1시간 집중해서 끝내보는 겁니다.

1시간 공부하기로 했는데 중간에 카카오 톡, SNS 등을 한번 본다면 이미 에너지와 정신이 분산되게 됩니다. 반면 소기의(기대하는 바) 좋은 목표에 집중하고 몰입해서 그것을 완수하면 피곤하기는커녕 상쾌하고 더 건강해집니다. 바로 몰입의 효과를 경험하고 효능을 체험하게 되는 것이죠. 몸속에 도파민, 엔도르핀 같은 좋은 호르몬 등이 나와서 성취감과 보람을 느낍니다. 마음이 가벼워지고 정신이 더 명쾌해지는 거죠. 이와 같이 좋은 습관에 또 좋은 목표에 집중할수록 더 건강해집니다.

　이렇게 저는 좋은 습관 5~6가지 실천하고, 목표를 매일 인증하고 있습니다. 1,000일 동안 습관을 단단히 형성하고 일상 속에서 실행력을 통해 목표를 이루는 데 성공하게 되었습니다.

　　　　　　　　　　습관을 만들고 목표를 이루는 기술

최고 효율을 나타냈던 아침 루틴들
(작게 하고 큰 효과 얻기)

1. 물 마시기

밤사이 수분이 빠져나간 두뇌와 몸에 수분을 보충.

2. 호두, 아몬드 견과류 먹기

두뇌가 먹는 슈퍼푸드 입니다.

3. 간단한 운동

잠을 깨우고 워밍업을 돕습니다.

4. 햇빛 받기

종일 기분을 좋게 하고 밤에 숙면을 돕습니다.

5. QT와 묵상(meditation)

통찰력이 생기며 영적인 에너지를 발산합니다.

6. 책읽기

두뇌를 활발히 작동시키고 마음근력을 갖게 합니다.

7. 글쓰기

가장 중요한 것을 남기고 생산적인 사람이 됩니다.

좋은 습관을 계속 해서 얻은 유익과 결과

———

제가 1,000일 동안 미라클 모닝을 하고 수년간 습관을 해오며 얻은 유익과 결과를 얘기하겠습니다. 보상은 습관을 하는 이유입니다. 만족스러운 결과가 나왔을 때 기쁘고 보상받았음을 느낍니다. 행동했는데 보상이 없다면 노력이 물거품 되어 쉽게 탈진하게 되죠. 습관으로 이익을 본다면 습관자체가 즐겁습니다. 고행하듯 힘들게 하기보다 여러분에게 잘 맞는 습관으로 이득과 목표달성을 하시길 바랍니다. 제가 습관의 삶을 살면서 얻는 정서와 육체, 물질적으로 이익이 된 것은 다음과 같습니다.

습관을 만들고 목표를 이루는 기술

첫째, 정신력이 강해집니다. (하기 싫은 날도 조금씩 이어가서 무엇보다 정신력이 강해집니다. 그리고 정서와 마음에 편안함이 생깁니다.)

둘째, 육체가 건강해집니다. (운동을 특히 아침에 조금씩 하니 불필요한 체지방들이 빠지고 컨디션이 좋아지고 체력과 근육이 생깁니다.)

셋째, 영육정서의 밸런스가 잡히고 두뇌활동이 좋아집니다. (힘과 평안의 균형을 잡게 해주고, 자신감과 논리, 유머를 갖게 해주었습니다.)

넷째, 목표 달성을 합니다. 저는 현재 전자책을 크몽 기준 13권을 썼고 예스24에 e북을 발간, 유튜브, 블로그 포스팅을 네이버, 티스토리 두 군데 포스팅 하고 있으며 블로그의 글들을 인스타그램과 연결해 홍보도 하고 있습니다. 또한 집필을 계속하며 종이책들도 출간 중에 있습니다.

다섯째, 전문가가 됩니다. 전문가는 다른 사람을 생산적인 사람으로 만들고 몰입시키는 사람입니다. 저도 꾸준히 하지만 다른 사람도 좋은 습관을 들이 도록 하고, 소기의 목표를 달성 할 수 있도록 돕는 사람이 되었습니다. 또한 책과 전자책을 쓰고 강의, 강연을 하는 사람이 되었습니다.

또 저의 목표는 또 다른 강의 하는 사람, 또 다른 리더를 만들고 세우는 것입니다. 우리가 좋은 리더를 자꾸 만들고 세우면 그 사람이 자신의 삶의 영역에서 좋은 말을 하고 좋은 행동을 합니다. 삶에서 멋진 인간관계를 원하지만 또 사람 때문에 힘들고 상처 받습니다.

내가 상처 받지 않고 힘들지 않으려면 나부터 조금 좋은 말을 하고 좋은 행동을 해야 합니다. 좋은 가치관과 생각으로 주위를 변화시키는 저와 여러분이 되시기를 바랍니다.

습관을 만들고 목표를 이루는 기술

그 동안 습관을 형성했던 비결과
인문학적인 중요성

———

안 좋은 습관은 대개 즉시 만족감을 얻습니다. (게으름, 나태, 술, 늦잠, 무분별한 쾌락, 정크 푸드, 폭식 등) 충동과 본능에 이끌려 당장 하고 싶은 것 보다, 중요한 것을 먼저 해보는 작은 습관이 현재와 미래, 장기간의 행복을 보장합니다. (건강식, 독서, 운동, 쉼 호흡, 글쓰기, 기도, 산책, 토론) 그리고 즉시 만족감을 주는 좋은 습관도 있습니다. 예시로 제2의 두뇌라고 하는 장 건강을 위해 야채를 먹는 등의 습관은 변비완화에 도움을 주고, 세르토닌 분비로 편안함과 행복감을 느끼게 하죠. 경직된 상태에서 스트레칭과 쉼 호흡으로 기분전환을 할 수 있습니다. 자신에게 최적화된 습관을 실행해 현재의 상태를 빠르게 호전시킬 수 있습니다. 습관을 작게 도전하면서 과정자체를 즐기고 빠른 변화로 보상을 얻습니다.

좋은 습관을 할 때는 시작하는 것에 가장 큰 의의를 둬야 합니다. 독서 하루 30분, 헬스장 하루 40분에서 1시간 이렇게 계속 하면 너무 좋은데 그 정도의 양을 1년 365일 꾸준히 할 수 있는 사람은 잘 없습니다.

독서는 책 한 줄 읽기부터, 운동 30분하는 것도 좋지만 그냥 한 번 앉았다 일어서는 스쿼트 한번으로 명상은 눈감고 복식호흡 두 번 하는 걸로 글쓰기는 한 줄 글쓰기로 시작하는 것에 가장 큰 의의를 두고 하면 좋습니다. 일단 운동하고 힘을 주기 시작하면 그 움직이는 상태를 지속하려는 관성이 있듯이 한번 시작한 습관은 탄력을 받습니다. 그다음부터는 한결 쉬워지고 유익하기 때문에 도파민이라는 의욕이 생깁니다. 달리기를 하다 결승선을 통과 하고도 바로 멈추지 못하고 좀 더 달리는 관성처럼 목표치 이상의 더 큰 성과도 올릴 수 있습니다.

책 한 줄 읽기 시작했는데 재미와 유익이 있어 한 단락을 읽게 되고 나도 모르게 몰입되어 한 페이지를 읽게 되는 것과 스쿼트

습관을 만들고 목표를 이루는 기술

한번으로 시작했지만 탄력을 받아 횟수를 좀 더 하고 다른 근력 운동까지 하게 되는 것을 노려야 하고 습관에 적용해야 합니다. 우리 컨디션은 어느 날은 정말 좋고 기분도 좋아요. 근데 자고 일어났더니 피곤하고 전날 상사나 동료에게 안 좋은 소리도 들었다면 컨디션과 기분이 떨어져있을 겁니다. 그리고 하루 쉬었더니 다시 조금 좋아졌습니다. 이렇게 파도를 타는 것이 우리 컨디션의 리듬입니다. 이는 잘못된 것이 아니에요. 사람이라서 컨디션이 일정하기보다 내, 외부의 영향으로 파도를 타게 됩니다.

　문제는 우리가 컨디션이 올라와 있을 때는 큰 것도 감당할 텐데 떨어져 있을 때 습관의 목표를 크게 잡으면 감당하지 못한다는 것에 있습니다. 그래서 습관의 목표 설정을 작게 잡아야 합니다. 컨디션이 떨어져 있을 때도 쉽게 할 수 있을 정도로 만들면 좋습니다.

컨디션의 파도와 습관의 설정 범위
정체성의 변화

　우리의 진정한 목적은 좋은 습관을 완벽하게 하고 많이 하는 것이 아닌, 습관을 작고 쉽게 해서 길게 오랫동안 하는 것. 즉, 좋은 습관을 꾸준히 하는 사람으로서의 정체성의 변화! 가늘고 길게 오랫동안 하는 것이 습관에 있어 지혜롭고 유익합니다.

순간순간 보면 보잘 것 없고 하찮고 완벽하지 않죠. 스쿼트 한 번? 누가 보면 비웃을 수 있어요. 하지만 작고 쉽게 좋은 습관을 꾸준히 했을 때 온전하고 조화로운 삶으로 나아가는 것입니다.

정체성은 눈에 보이지 않는 정신적인 아이덴티티(identity)로 존재와 본질입니다. 정신적인 신분증이라 할 수 있는데 누구나 바뀐 신분에 맞게 살아갑니다. 이전에 생활이 아닌 바뀐 신분과 환경에 맞게 살아야하는 것이죠. '왕자와 거지' 단편소설에서 보듯 서로의 옷을 바꿔 산다면 거지는 동냥과 눈치 보면서 밥을 먹는 옛 습관을 버리고 바뀐 왕궁의 환경에서 왕다운 정체성으로 당당하게 음식을 먹거나 위엄 있게 행동하고 말해야 합니다. '힘들고 어려운 시기에도 나는 좋은 습관을 이어가는 사람이야.' 라는 정체성은 이후의 삶을 긍정적 태도로 살아갈 수 있게 합니다.

습관을 꾸준히 하고 좋은 태도의 정체성을 가지고 살아야 하는 이유가 또 있습니다. 여러분들이 나중에 자식에게서 '아! 우리 부모님한테는 뭔가 배울 만한 것이 있어.' 라는 말을 들었을 때 또는 주위 사람들에게 내가 저 사람을 오랫동안 봐왔는데 '어려운

습관을 만들고 목표를 이루는 기술

일이 있어도 좋은 것을 꾸준히 하고 좋은 태도를 계속 가지는 사람이야.' 라는 말을 듣는다면 인생의 노후에 돈과 명성도 중요하지만 자식들에게 또 주위 사람들에게 인정받는 삶이 더 멋지고 가치 있습니다.

'태어날 때 당신은 울었고 지켜보는 사람은 모두 웃었다. 죽을 때 당신은 웃고 지켜보는 사람들은 모두 울 수 있도록 하라.' -작자미상

호랑이는 죽어서 가죽을 남기고 사람은 뭘 남겨요? 사람은 죽어서 이름을 남기고 그 삶을 남기고 글을 남깁니다. 그 사람의 인생을 후손들에게 남기는 거예요. 그래서 우리도 먼저 좋은 것을 남긴 위인들, 인문 고전의 작가들의 글로 지금도 영향을 받고 있는 것입니다.

좋은 습관을 도저히 하기 힘들었던 날

———

제가 1,000일 동안 미라클 모닝, 수년간 좋은 습관을 하면서 힘든 날도 아주 많았죠. 어느 날은 자고 눈을 떴는데 오늘은 너무 힘들고 하기 싫어서 횟수를 딱 한번만 해야지 했지만 이제껏 횟수를 딱 한번만 한날은 하루도 없었습니다. 책 한 줄 읽기 시작했는데 유익이 있고 재미가 있어서 한 단락, 한 페이지를 나도 모르게 읽게 되고 스쿼트 한번 한다고 생각했는데 탄력을 받아서 다섯 번, 열 번하고 근력운동으로 넘어 갔습니다. 한 줄 글쓰기부터 시작했지만 A4용지 반쪽과 한 페이지를 적고, 어느덧 전자책을

습관을 만들고 목표를 이루는 기술

완성하게 되었습니다. 그리고 블로그 포스팅, 영상 숏폼, SNS 콘텐츠 제작까지 하게 되었습니다.

습관 접붙이기

횟수를 한번 시작해보고 그래도 피곤하고 하기 싫다면 한번으로 끝 마쳐도 좋습니다. 처음부터 한번만 하려고 했기 때문입니다. 하지만 그날도 습관을 한 날로 인정하면 됩니다. 습관 인증의 개념은 운동을 예로 들자면 하루 40분 고강도 운동과 스쿼트 한 번만 한날은 똑 같이 운동한 날로 인정하는 것에 있습니다.

습관의 시간과 총량은 나중에 생각해도 괜찮습니다. 하는 것이 중요한데 횟수를 한번만 했다면 그 다음날도 잊어먹지 않고 또 한 번 하는 것입니다. 성경에는 쉬지 말고 기도하라. 라는 말이 있습니다. 하루 온종일 기도하라는 의미도 있겠지만 NIV영어 성경에는 pray Continually 라고 나오는데 번역하면 지속적으로 하라는 것입니다. 오늘 조금 했다면 내일도 잊어먹지 않고 조금씩 지속해야 하는 것이 좋은 습관입니다. 우리의 궁극적인 목표가 되어야 할 것은 좋은 습관을 많이 하고 완벽하게 하는 것이 아닌, 좋은 습관을 꾸준히 하는 정체성의 변화가 이루어져야 합니다.

거창하게 계획하기보다 일단 시작하고 접속해서 습관으로 부터 오는 유익함을 받아들이는 것입니다. 전기코드를 콘센트에 접속하면 전기 에너지가 빠르게 들어오듯이, 좋은 습관은 그냥 시작하는 게 중요하고 그 뒤에 오는 유익함과 재미는 저절로 알아서 오는 거예요.

식물의 접붙이기가 있는데 잘라진 가지를 원가지에 붙여 싸매인 채 얼마동안 있으면 원가지의 양분과 물이 붙여진 가지에 전달이 됩니다. 식물의 위쪽 잎은 광합성으로 포도당 유기물을 만들어 가지와 줄기로 전달하고 접목에 이용된 대목과 줄기에서는 해충과 병에 대한 저항성과 가뭄과 같은 환경스트레스에 대한 저항성도 갖게 합니다.

습관을 형성하려면 얼마동안 좋은 습관을 조금씩 삶에 들이면 되고 그렇게 하면 식물의 접붙임과 같이 습관의 유익함이 나에게 전달됩니다. 좋은 습관이 내 것이 되고 바로 나의 인생이 되는 것이죠. 습관 형성으로 질병에 대한 면역력도 커지고 삶의 스트레스 또한 이기게 해줍니다.

습관 형성이 안 되는 큰 이유는 가볍게라도 시작하지 않기 때문입니다. 자기계발의 습관을 처음 가져서 빠르게 좋아지는 경험도 했지만 6개월 정도의 시점에 힘든 것도 경험했습니다. '극

습관을 만들고 목표를 이루는 기술

복하고자 더 열심히 하고 더 많이 완벽하게 하면 이것을 뛰어넘고 강력해지겠지.' 라는 생각이 들었습니다. 유익함도 얻었지만 사람은 한계가 있어서 때로 피곤할 때도 있었습니다. 또 어떤 때는 더 많이 해도 결과가 좋아지지는 않았습니다. 힘든 시기에 더 많이 하는 것이 피로를 가중시킨다는 느낌도 받았습니다. 오히려 피로할 때는 작게 해서 자신의 몸과 마음을 살피는 작업이 필요했습니다. 요령을 피우는 게 아니라 효율성과 효과를 생각하며 하는 것이 지혜라는 것을 깨달았습니다.

빠른 변화 vs 느린 변화

변화에는 크게 2가지 모양이 있는데 눈에 보이는 빠른 성장과 당장 눈에 띄는 변화는 없지만 임계점을 기다리는 성장이 있습니다. 큰 덩치이지만 귀여운 행동으로 인기 많은 판다는 태어났을 때 몸 크기가 약 16cm로 작습니다. 하지만 한 달 만에 5배 이상 자라고 200일 정도에는 몸무게 16kg로 80배 폭풍 성장한다고 합니다. 자신의 재능을 빨리 찾고 노력하면 눈에 띄게 발전합니다.

빠른 변화를 확인하는 습관을 적용하는 것도 현명합니다. 음악적 감각을 가지고 있는 사람이 악기 연주를 연습할수록 눈부시게 실력이 늘어나는 것이 그 예입니다. 그리고 처음에는 재능이 아닌 것 같고 변화를 못 느끼는 어려운 것도 지속하다 보면 임계점을 돌파 하는 것도 분명 있습니다.

저는 사람들 앞에서 말을 잘하지 못했었는데 책 읽는 것을 좋아하고 독서토론과 모임을 자주하다보니 어느덧 토론과 독서 나눔, 강연을 적극적으로 하고 즐겁게 하는 사람이 되었습니다. 큰 성장과 빠른 변화를 당장 확인할 수 없지만 땅에 씨가 심겨져 있는 상태에서는 그 밭이 번영하는지 확인하지 못합니다. 씨가 잘 자라 무성해지는 것을 비로소 볼 때 결실의 번성을 확인합니다.

우리는 빠른 변화가 있는 습관을 하길 바라는데 어떤 것은 변화가 느린 것도 있습니다. 실력이 빠르게 늘지 않더라도 습관이란 씨앗을 꾸준히 심을 때 싹이 자라고 비로소 마디마다 존재하는 생장점으로 하루 1m 씩 전체가 쑥쑥 크는 대나무처럼 번영하는 것도 분명히 있습니다.

습관을 만들고 목표를 이루는 기술

습관으로 변화된 삶을 산다는 것

———

좋은 습관을 지속하고 오랜 기간 한 사람을 간혹 보게 됩니다. 탁월한 리더, 실력자, 전문가, 타고난 재능을 노력으로 더 승화시킨 사람들, 또 평범해 보이지만 꾸준함으로 삶의 내공을 단단히 만든 사람들, 어려운 일을 겪었지만 지혜와 끈기로 어려움을 통과한 사람들, 좋은 습관을 꾸준히 한 사람들. 그런 사람은 같이 있는 것만으로도 그 내공과 아름다운 삶의 향기를 느낄 수 있습니다. 실력은 높은데 겸손합니다. 삶의 좋은 태도가 습관으로 인해 자연스레 몸에 배여 있습니다. 말과 행동, 표정, 태도, 자세에서 그런 것(내공과 태도, 실력)은 그분들의 진짜 모습입니다. 그 모습은 숨길 수도 없고 인위적으로 오랜 시간 연기할 수도 없습니다. 무엇보다 진짜 실력은 사람이 보거나 보고 있지 않을 때도, 상관없이 좋은 태도와 자세를 유지한다는 것입니다. 어려운 일 당할 때, 비천할 때, 성공했을 때, 예기치 않은 난처한 일을 맞닥 뜨렸을 때도 침착하려고 하며 겸손하고 좋은 태도로 대응을 합니다.

태어났을 때부터 타고난 사람들이 하는 것이 아닌, 습관으로 후천적으로 만들어지는 경우가 많습니다. 좋은 습관을 지속 하다 보면 지혜롭고 매력적인 사람이 거죠. 사람을 이해하게 되고 배려하며 자기 자신은 더 성숙해집니다. 소위 자기분야에 성공한 사람들은 술, 담배를 하지 않고 절제하면서 산다고 하고 누군가 는 마치 수도승 같다고 표현합니다.

저도 미라클 모닝과 좋은 습관을 들이면서 확실히 절제력과 자기 관리력이 생기는 것 같습니다. 제가 22년 5월부터 약 1년간 야식을 안 먹었습니다. 야식을 안 먹고 아침 운동이 저에겐 다이어트에도 도움이 되었습니다. 저녁 7시 30분부터 다음 날 아침 7시 30분 까지 12시간 공복 상태에서 아침 식사 전 잠깐의 유산소, 무산소 운동 시 먹은 게 없어서 그런지 저의 지방을 당겨서 에너지

습관을 만들고 목표를 이루는 기술

로 쓰는 것 같았습니다. 체질에 따라 다르겠지만 당시 저의 불필요한 몸의 지방 뱃살, 옆구리 살이 빠지고 당시 체지방률은 10%대를 유지하게 되었습니다.

더 중요한 것은 야식을 안 먹으니까 다음 날 아침 상쾌하고 몸도 가벼웠습니다. 야식을 안 먹은 기간 전체적으로 컨디션은 무척 좋았고 늦은 밤 시간 소화의 에너지를 줄인 것의 결과인지 아침에 잠과 피로를 깨는 시간도 더 빨라지는 것을 느끼게 되었습니다. 그 당시 숙면을 취할 수 있었고 잠을 통해 거의 모든 스트레스와 피로를 풀었습니다. 그리고 새벽에 특별히 일찍 일어나야 하는 때를 제외하면 알람 없이 이른 시각 잠에서 깨고, 상쾌하게 아침을 맞았던 것도 컨디션이 좋았음을 반증하는 대목입니다.

자기관리력을 키워주는 소망

밤에 맛있는 것과 야식을 먹고 싶은 날도 있었습니다. 하지만 위와 같이 다음날 좋은 컨디션으로 살아가는 것이 더 좋았습니다. 좋은 하루의 컨디션으로 살아가고 싶은 그 소망이 더 컸기에 잘 참을 수 있었습니다. 말하고 행동할 때나 일할 때 두뇌 활동이 더 잘 되는 것도 느꼈고 아침에 독서와 운동 명상, 기도 글쓰기와 같은 습관을 할 때도 훨씬 효율이 좋았습니다.

　이렇듯 처음에는 우리가 좋은 습관을 만들지만 나중에는 습관이 좋은 우리를 만듭니다. 자기 관리력은 중요한 일을 앞두고 엄청난 위력을 발휘합니다. 큰 프로젝트, 시험, 발표, 중요한 만남을 앞두고 하는 절제와 관리는 오롯이 좋은 결과와 높은 성과를 쌓게 합니다. 잘해야 한다는 책임이 부담감이 될 수 있지만 적절한 긴장 속에 건강한 이완을 적재적소에 넣어주면 됩니다. 능력 있는 카리스마와 부드러운 인간적인 면으로 사람들을 매료시킬 것입니다.

　자연에서 주는 에너지(빛, 건강식, 맑은 공기, 자연소리)를 접하는 습관은 몸과 정신을 안정적으로 만듭니다. 긴 호흡은 편안함과 끈기를 가지게 합니다. 화가 날 때 호흡이 가빠지는 것도 스트레스가 치솟기 때문이에요. 인내력은 더 나은 내일을 만드는 태도가 되고 즐거운 습관으로 기를 수 있습니다. 제가 한 때 커피를 많이 마셔 카페인 섭취를 줄이고자 1주일 동안 안 마신 적이 있었습니다. 1주일간 안 마시고 어떤 변화가 있는지 궁금했습니다. 커피를 많이 마셨을 때 보다 피부가 건조하지 않고 훨씬 좋아진 걸 느꼈습니다. 그 이후부터는 조금씩 마셔서 그런지 피곤하거나 집중력을 과하게 필요할 때 카페인에 의존하는 습관이 줄었습니

습관을 만들고 목표를 이루는 기술

다.

　나쁜 습관을 버리기 힘들면 좋은 습관부터 채워도 됩니다. 나쁜 습관, 안 좋은 습관을 버리기 힘들죠. 안 좋은 것에서 멀어져야 하는데 때로는 쉽지 않습니다. 제가 몇 년 동안 좋은 습관으로 채우니까 나쁜 습관은 자연스럽게 멀어지거나 그 힘이 약해진다는 것을 느끼게 되었습니다.

　그렇게 어느덧 제가 자연스럽게 습관을 하는 사람이 되었고 자만해서는 안 되지만 온전한 자존감과 좋은 정체성의 나로 더 든든히 서게 되는 것 같습니다. 자기계발의 습관들을 아침 또는 일과 후에 했을 때 저의 몸, 정신, 마음, 그리고 생산성까지 좋아지는 것을 경험했습니다. 놀랍도록 유익한 시간이었습니다. 내 자신이 좋아지는 것을 경험하고 효과를 주위 사람에게 얘기했습니다.

　목표와 습관은 좋은 모습으로 회복케 하고 풍요롭고 건강하게 바꿉니다. 좋은 것을 채우고 생명력 있게 움직여야 하는데 나쁜 습관을 끊을 수 없다면 좋은 것을 좀 더 채워보세요. 마음과 몸, 정서의 밸런스를 찾으면 자신도 편안하고 일도 효과적으로 할 것입니다. 사람을 만날 때도 조금 더 자신있게 대하고 스트레스를 이겨내는 힘은 더 커지고 견디는 내성 또한 좋아집니다.

혼자 하기 힘들면 긍정적인 언어를 줄 수 있는 사람과 목표와 습관을 공유해보세요. 좋은 사람들 속 그 환경에 들어가 격려해 주는 동료들이 포기하지 않는 안전장치가 되어 목표를 더 빨리 이루게 될 것입니다. 사람은 기계가 아니어서 완벽하게 매일을 살 수는 없습니다. 컨디션이 좋은 날이 있고 지칠 때도 있고 본인의 의사와 상관없이 자고 일어나면 유독 피곤하거나 아플 때도 있습니다. 힘든 일이 있고 상처를 받았다 할지라도 다음 날 삶에서 가장 중요한 일을 하고 목표를 위해 끊임없이 습관을 실행하는 사람이 끝까지 해내는 사람입니다.

습관을 만들고 목표를 이루는 기술

습관을 형성해
정신력이 강한 사람이 되는 노하우

1. 자신에게 유익하고 재밌는 일을 해본다.

(유익이 되거나 감동, 재미를 가져다 줄 수 있는 습관을 하면 기대가 되어서 지속할 수 있습니다.)

2. 눈에 띄는 빠른 변화가 있는 습관을 적용한다.

(좋은 변화를 눈으로 당장 확인할 수 있는 습관이면 재미와 성취감을 느끼고 얻습니다. 저는 처음 헬스장을 다니고 몸이 좋아지는 것을 눈으로, 거울로 확인할 수 있어 활력을 얻으며 즐겁게 지속했습니다.)

3. 되도록 작게 힘들이지 않고 최대한의 효과를 노린다.

(아침조깅을 시작하면서 5분만 뛰어도 좋아질 거라는 믿음으로 시작했습니다. 5분에서 10분간 했던 아침조깅으로 우울증이 많이 해소되었습니다.)

4. 할 수 있다면 특정한 시간에 해본다.

(일정한 시간에 지속하면 몸과 머리가 기억하고 있어 자연스럽게 할 수 있어요. 그 시간에 안하면 오히려 이상할 정도입니다. 하루를 시작할 때 미리 시간을 확보해서 한다면 성공적인 하루를 보내게 됩니다.)

5. 하기 싫은 날도 정말 작게 해본다.

(감정이 안 좋을 때, 도파민을 다 써버려 의욕이 없을 때, 지쳤을 때, 작심삼일이 될 때 횟수를 한번만 해보세요.)

6. 당장 변화가 없더라도 임계점을 돌파하면 큰 성장이 있어서 믿음으로 씨를 뿌린다.

(느리게 변하는 것도 있습니다. 특히 느린 변화가 성장하기 시작하면 무섭게 성장하고 번영합니다. 저는 말을 잘 못하고 글도 잘 못 썼었지만 꾸준한 독서와 토론, 글쓰기로 작가와 강사, 독서토론의 리더가 되었습니다.)

7. 비슷한 가치관을 가진 사람들과도 해보세요.

(사람들과 함께 해서 성과를 올리는 방법을 사회적 촉진효과라고 합니다. 인정을 받고 서로 격려함으로 또 자존감을 가질 수 있고 사람을 통해서도 많은 기회들이 생깁니다.)

8. 처음 일주일만 해본다는 생각으로 하고 새해, 월요일, 1일의 법칙을 적용해보세요.

(처음 조깅을 일주일간 지속했을 때 빠르게 체력이 좋아졌습니다. 독서도 일주일 지속했을 때 긍정적인 마음과 사고가 자랐습니다. 사람들이 결심을 잘하는 때는 새해, 월요일, 매달1일입니다. 이 때를 노려서 시작해보세요.)

습관을 만들고 목표를 이루는 기술

위기 때 버티고, 기회가 왔을 때
폭발적인 능력을 나타내는 사람

———

'이 세상에서 24시간 365일을 완벽하게 사는 사람은 아무도 없습니다. 하지만 24시간 중에 단 몇 십분, 몇 분은 누구나 좋은 습관을 꾸준히 누구나 할 수 있습니다.' – 남찬영

좋은 습관을 하고 자기계발과 자기개발을 한다고 완벽하게 살자는 것이 아닙니다. 이 세상에서 24시간, 365일을 완벽하게 사는 사람은 아무도 없습니다. 하지만 24시간 중에 단 몇 십분, 아니 몇 분은 좋은 습관을 꾸준히 누구나 할 수 있습니다.

제가 몇 년 전 사업으로 정말 바쁘고 극한으로 힘들었을 때가 있었습니다. 그때는 일이 많아 새벽 2-3시에 자서 미라클 모닝으로 독서, 운동 이런 습관을 못할 수밖에 없었습니다. 하지만 너무 힘든 그때도 제가 서 있을 수 있었던 건 그 이전부터 해왔던 자기계발의 좋은 습관으로 버틸 수 있었다는 걸 확실히 느꼈습니다.

이 좋은 습관은 여러분이 삶을 살면서 위기가 왔을 때 버틸 수 있게 해주고 기회가 왔을 때 폭발적인 능력을 나타나게 하는 원동력이 될 것입니다.

수심이 깊은 바다 속에는 수압이 높아 단단한 쇠라도 안쪽 공간이 있다면 찌그러집니다. 모진 바람에도 유연한 풀은 꺾이거나 뽑히지 않고 강한 바람에 눕기도 하고 일어나기도 합니다. 현대인의 모든 삶에는 외부의 큰 압력과 모진 스트레스가 언제든지 있습니다. 중요한 일을 할 때나 학교, 직장생활에서 인간관계가 넓어질수록 이전보다 더 큰 스트레스를 받을 수 있기에 압력을 이기게 해줄 내면의 단단한 내공과 외면의 유연함이 필요합니다. 독서, 운동, 명상, 기도, 산책 같은 지속적인 습관은 외부의 스트레스를 견디고 조절해주는 좋은 재료가 됩니다.

여러분들이 삶에서 이 좋은 습관을 일상에 조금씩 더하고 투자하신다면 직장에서의 일이든 가정과 여러 사회활동 또 인간관계

습관을 만들고 목표를 이루는 기술

에서든, 학업과 사업, 부업에 분명 좋은 결실을 얻을 수 있으실 겁니다.

스트레스와 상처, 실패로 인해서 흔들리고 넘어졌을 때 '시간이 약이다'라는 말처럼 지면 회복하고 다시 일어서겠죠. 좋은 습관을 조금씩 쌓아놓는다면 일어나고 회복하는 시간이 점점 단축되고 빨라질 것입니다. 회복 탄력성이 좋아져서 시간을 낭비하는 것은 줄어들고 성공은 더 빨라집니다.

자존감과 자신감을 가지는 방법

가지고 있는 좋은 성품을 발견해서 건강한 자존감을 형성해야 합니다. 또 작은 노력을 통해 성공과 성취를 이어나가고 재능을 개발하면서 자신감을 키울 수 있습니다. 즉, 건강한 자존감에 실력이 더해지면 자신감이 생깁니다. 작은 성공을 하고 문제를 해결할 때 다음에도 할 수 있겠다고 느끼는 것을 자기효능감이라고 합니다. 건강한 자신감은 교만하고 거만한 것이 아닙니다. 현실에 적응하고 상황을 있는 그대로 바라보며 문제를 긍정적으로 대해야 합니다. 삶이 성공만 있을 수는 없습니다. 실패할 수도 있기에 과정 속에서 자신감을 가지는 것이 옳은 태도입니다. 성공은 통과하는 과정이며 삶은 살아가는 것이라고 생각하고 힘들 때 쉬어가도 자신을 다독이고 고비를 넘어갈 때 격려해야 합니다.

자신감을 갖는 또 하나의 방법으로는 성경은 '너희 담대함을 버리지 말라 이것이 큰 상을 얻을 수 있는 비결이 된다.'고 합니다. 담대함은 흔들리지 않는 자신감에서 나옵니다.

좋은 습관은 누구에게나 유익함이 되기 때문에 흔들리지 않습니다. 스스로를 바로세우고 영감을 주며 지쳤을 때 회복시켜줍니다. 그리고 많은 사람들에게 습관을 얘기해도 피해가 되지 않고 유익합니다.

기초가 단단한 집은 강풍과 넘치는 물에도 쉽게 무너지거나 부서지지 않습니다. 기본기가 탄탄한 사람은 상황에 당황하는 일이 적고 사람으로 인해 크게 두려워하지 않습니다. 실력과 기본기를 갖춘 자신감은 능력을 배가시키고 그 보상도 클 것입니다. 흔들리지 않는 진리를 붙잡고 습관을 형성해 담대함과 자신감 있는 삶을 살아가시길 바랍니다.

습관을 만들고 목표를 이루는 기술

자존감과 자신감을 갖고
두려움을 내어 쫓는 방법

1. 자신안의 좋은 성품을 발견해 건강한 자존감을 형성하세요.

2. 재능은 개발하고 작은 노력으로 성공경험을 가져보세요.

3. 건강한 자존감에 실력이 붙으면 자신감이 생깁니다.

4. 자만하지 말고 겸손해야 건강한 자신감이 됩니다.

5. 실패할 수도 있기에 인생은 통과하는 것이라 생각하고 과정 속에 자신감을 불어넣으세요.

6. 자신감과 담대한 용기는 흔들리지 않는 확신에서 나옵니다.

7. 좋은 습관으로 기본기를 탄탄히 다져놓으세요.

8. 두려울 때는 온전한 연습이 필요합니다. 반복된 연습을 하는 만큼 부족함과 흠을 없애고 두려움의 폭을 크게 줄여줄 것입니다.

지속적으로 계속 할 수 있는 방법

———

좋은 습관을 일정한 시간에 꾸준히 할 때 정신력이 더 단단해지는 걸 느끼고 경험했습니다. 어려운 일이 있어 멘탈이 흔들리더라도 습관을 하는 짧은 시간에 다시 기준점으로 돌아오기 때문이었습니다. 특히 할 수 있다면 일정한 시간에 하는 것이 좋습니다. 카톡을 빨리 확인하지 않아도 되는 자신만의 시간을 확보해야 합니다. 제일 좋은 것은 평소 일어나는 시간에서 30분, 아니 20분이라도 일찍 일어나는 것입니다.

되도록이면 자신이 좋아하고 조금만 해도 효과가 있거나 변화

습관을 만들고 목표를 이루는 기술

를 느끼는 즐거운 습관을 하시길 바랍니다. 저의 경우 생명의 삶이라는 월간으로 나오는 Q.T책이 있는데 아침에 조금만 읽어도 감동과 삶의 유익을 접합니다. 때로는 다음날 아침 생명의 삶을 읽고 싶어 자기전 기대 되었던 적도 있습니다. 또 아침 달리기의 경우도 5분 만 뛰어도 괜찮아질 거라는 믿음 때문인지 잠깐의 조깅, 달리기에도 아침시간이 상쾌해졌습니다.

이처럼 자신이 좋아하고 즐겁게 느껴지는 습관이면 조금만 해도 즐거움을 느끼고 누릴 수 있습니다. 그렇게 해야 지루하지 않고 힘들지 않게 계속합니다. 좋은 변화를 눈으로 확인하고 경험해야지 성취감을 느낄 수 있습니다. 반복된 것이 재미없을 것 같지만 자신이 좋아하는 습관은 할 때마다 즐거움과 유익으로 매번 새롭게 느껴집니다.

예전 한때 퇴근 후 PC방에서 직장 동료들과 게임을 하며 여가를 보낸 적이 있었습니다. 몇 개월을 하면서도 게임에 더 이상 흥미와 취미가 없던 저는 헬스장을 등록하기로 했습니다. 작심삼일로 끝날 줄 알았던 운동은 퇴근 후 신나는 음악을 들으며 함께 운동하던 다른 분들의 모습에 동기를 받고 제 삶의 활력이 되었습니다. 특히 운동을 하면서 몸이 좋아지는 것을 거울로 확인하는 기쁨이 있었습니다. 정신이나 마음도 명쾌해지고 밥맛도 좋아졌지만 힘이 생기는 것도 충분히 느낄 수 있었습니다. 변화와 발전은 삶의 자신감으로 이어졌습니다. 당시 그 기분이 좋아서 새벽에도 운동하러가고 일이 마친 늦은 시간에도 운동을 하러 갔었습니다. 조금만 해도 좋은 변화를 눈으로 볼 수 있는 습관을 해보시길 바랍니다. 힘이 생기고 나의 삶을 주도적으로 살고 사람을 만날 때에도 자신감이 생깁니다.

아침 일찍 또는 하루를 시작할 때 습관 형성을 하려고 하면 처음에는 피곤함에 압도당합니다. 하지만 쉬운 방법을 선택해서 습관을 형성한다면, 그때부터는 여러분들이 하루를 압도하고 주도적으로 살게 될 것 입니다. 능력을 나타내고 생산성을 발휘하며, 많은 사람들을 자신감 있게 만나 친절을 베풀게 될 것입니다.

일찍 일어나는 건 고통스럽지만 또 대단한 일입니다. 그리고 시간은 모두에게 공평합니다. 미라클 모닝과 좋은 습관을 한다 해서 내게만 특별히 하루 30분이 더 주어지지 않아요.

방해 받지 않는 시간을 확보하고, 영감과 에너지를 주고, 안정감을 주는 습관 몇 가지를 하는 것입니다. 짧게 10분이라도 해보고 더 나아질 거라는 기대감으로 지속해보세요. 설레는 기대감은 플라시보 효능처럼 그 효과를 극대화 합니다. 세상은 소음을 자꾸 냅니다. 자극적인 정보는 나를 봐달라고 아우성입니다. 성능

습관을 만들고 목표를 이루는 기술

좋은 최신형 이어폰을 얼마전 구매했어요. 강력한 노이즈 캔슬링이 주위 소음을 없애주니 편했고 집중이 잘됐습니다. 4차 산업시대에 노이즈 캔슬링이 필요합니다.

소음과 자극, 쾌락을 차단하고 진리의 습관을 채운다면 슈퍼멘탈이 됩니다. AI를 이기는 사람은 정신력과 믿음이 강한 사람입니다. AI는 고통을 경험 하지 못해 그 공감에 진실성이 없습니다.

도파민을 가장 건강하게 사용하려면 가치 있는 목표를 세워 이루어가면 됩니다. 여러분의 가치 있는 비전이 이뤄지길 소망합니다. 소원이 이뤄질 때 성취감이라는 생명력이 생기고 다른 사람을 진심으로 응원하게 됩니다.

습관은 삶의 바탕이 되고 공부와 본업을 수월하게 하는 원동력이 되어줍니다. 마음과 정서와 육체의 관리와 방법은 직접 제가 실제로 수년 간 해보았습니다. 하지만 각자에게 도움이 되는 방법을 한 가지라도 자신에게 맞게 적용하여 하면 됩니다. 여러분의 라이프스타일에 맞게 자유롭게 적용하는 자율성이 있습니다. 독서, 운동, 명상, 글쓰기, 기도, 긍정확언 등을 중심으로 하고 한두 가지를 더 하거나 빼도 괜찮아요. 자신만의 좋은 습관을 더 큰 효과와 결과를 낳을 수 있는 방법으로 바꾸어 적용 할 수 있습니다.

'우리의 감정은 시시때때로 변하고 열정은 언젠가 식게 됩니다. 하지만 습관화 하면 열정과 감정에 상관없이 좋은 것을 계속할 수 있습니다.'

　매일 좋은 것을 지속하는 사람의 비결은 조금씩이라도 작게 하고 자신의 비전과 목표를 이룰 때까지 하는 것입니다. 작은 습관을 지속적으로 하는 것이 그 사람의 인생의 모습이 됩니다. 이는 일시에 많은 것을 하는 것보다 시간이 갈수록 더 큰 업적을 쌓게 합니다. 세계최고 야구리그에서 철저한 자기관리와 꾸준한 좋은 성적으로 전설로 불린 이치로 선수는 재능이 있다 하더라도 중간에 그만두고 끝까지 해내지 못했다면 그것은 재능이 아니라고 했습니다.

　좋은 습관을 할 때 다른 습관의 책을 보면 시그널(신호) 이후에 시작하라고 합니다. 저의 경우는 눈을 뜨고 일어난 잠에서 깬 그 시점이 시그널(신호)이고 그때부터 작고 좋은 습관을 시작합니다. 습관이 형성되어선지 잠이 덜 깼더라도 찰나의 습관을 하면 잠이 깨고 컨디션이 올라옵니다. 좋은 글을 마주하게 되면 눈을 뜨게 되고 잠깐의 운동으로 몸이 활성화 됩니다. 아침에 잠을 깨는 시간이 상쾌해지고, 하루를 시작하는 것도 활기차게 합니다.

습관을 만들고 목표를 이루는 기술

습관 형성법

———

흔들리지 않는 습관 목표

지속하기 위해 작게 하는 방법은 하루 30분 독서는 오늘부터 한 줄 책 읽기, 운동은 헬스장으로 가서 1시간 PT 받기를 지금 할 수 있는 스쿼트 한번, 하루 A4용지 1장씩 글쓰기는 하루 2~3줄 글쓰기 정도로 해서 시작합니다. 물론 지금 이 이상씩 습관화 하고 있다면 지속하여도 좋습니다. 습관을 할 때 큰 부담이 없고 하고 나서도 피곤하지 않은 범위로 설정해보세요. 좋은 습관의 목표를 처음부터 크게 잡는다면 그만큼 에너지도 많이 필요하고 마음도 크게 먹어야 합니다. 큰 결심으로 시작하여 처음에는 어느 정도 할 수 있겠지만 피로도가 쌓일 수 있고 무엇보다 열정과 에너지가 떨어지는 날은 하지 못할 가능성이 큽니다. 열정은 언젠가 식게 되고 컨디션은 쉽게 바닥날 수 있습니다. 해내게 하는 루틴을 만들어 이어갈 수 있게 해야 합니다.

습관의 목표 범위를 컨디션의 파도 안에 습관을 작게 설정 해 놓는다면 몸이 좋지 않고 상처 받고 어려운 일이 있어도 작은 목표는 분명 이룰 수 있습니다. 하루에 얼만 큼 운동을 하냐는 지인분의 질문에 짧게 할 때는 10분정도 한다고 대답했더니 "그것 밖에 안 해요?" 라고 말씀하신 게 생각이 납니다.

작게 하는 것이 하찮아 보이기도 하겠지만 크기에 상관없이 흔들리지 않는 습관의 목표가 더 중요합니다. 1시간씩 해서 작심삼일로 끝나기보다 작게 해서 생활화 하는 것이 더 낫습니다. 1시간씩 하는 것이 멋져 보이지만 매일 혹은 주 3일 이상을 꾸준히 할 수 있는 사람은 소수일 것입니다. 의지가 바닥나고 안 좋은 상황에 흐지부지 그만두기보다 내가 처참한 상황일 때도 조금 씩 할 때 좋은 습관은 내 것이 되고 능력이 나타납니다.

습관을 만들고 목표를 이루는 기술

의지력에 맞는 작은 습관

강한 정신력의 멘탈은 목표를 작게 설정하고 매일의 작은 실천이 꾸준히 지속되어 쌓이고 단단해지는 것입니다. 의지력은 강할 때도 있고 약할 때도 분명 있습니다. 습관의 범위를 작게 설정해 놓으면 지속할 수 있는 쉬운 루틴이 됩니다. 힘든 일과 작은 상처는 계속 우리를 괴롭힐 것입니다. 하지만 작게 설정한 습관들은 힘든 일이 생기고 상처와 스트레스로 의욕이 없을 때도 쉽게 할 수 있는 기술이 될 것입니다.

스쿼트 한번, 좋은 책 한 줄 읽기, 눈을 감고 복식호흡 한 번 하기는 쉽지만 어려운 상황에서도 한다면 완수한 보람과 성취를 느끼고 자기 효능감도 분명 좋아집니다. (자기효능감: 어떤 상황에서 적절한 행동을 할 수 있다는 기대와 신념. 특히 어려운 상황에서도 쉽게 포기하지 않고 할 수 있다는 생각을 가지고 도전해보는 것) 매일 습관을 반복해서 들인다면 안 했을 때 오히려 더 어색하고 나답지 않은 느낌마저 듭니다.

한 번의 습관은 어떤 일이 있어도 할 수 있고 지속 할 수 있으며 나날이 지속 될수록 더 단단해지는 체력과 마음, 정신력을 경험할 수 있습니다. 어려운 일 이 있어도 해야 할 삶에서 가장 중요한 진리와 같은 것을 해내고 있기에 학업 또는 직장, 사업에서 해야 할 중요한 일 또한 포기 하지 않고 끈기 있게 해 낼 수 있는 과정으로 이어지고 발전하게 합니다.

한 번의 운동, 한 줄의 독서를 시도하고 한 번의 운동이 힘이 붙어 세 번, 혹은 서른 번을 하는 날이 있고 한 줄 책 읽기가 흥미가 붙어 10페이지, 한 시간 이상 독서하는 날도 올 것입니다.

습관을 들여왔던 시간

저의 아침 습관은 자고 일어나면 운동 → 성경 → Q.T → 기도, 복식 호흡 → 독서 → 감사일기나 to do list, 글쓰기 등으로 하고 이것을 루틴 화 하였습니다. 2015년부터 책을 읽는 재미를 조금씩 들였고 2017년부터 자기계발에 많이 관심을 가지게 되었습니다. 기도 명상, 책 읽기, 운동, 글쓰기를 하면서 나 자신을 깨우고 성장, 성숙 시키는 일이 즐거워서 하게 되었는데 본격적으로 루틴화해서 습관의 날짜도 카운트하게 되었습니다.

많은 책에서는 습관이 형성되는데 드는 시간이 66일이 걸린다고 합니다. '공부의 신' 저자 강성태 님은 66챌린지를 만들어 공

습관을 만들고 목표를 이루는 기술

부나 운동을 하면 챌린지 표에 도장을 찍어 냉장고에 붙이라고 합니다. 냉장고에 붙이게 되면 나도 보겠지만 부모님, 가족들도 보게 됩니다. 혼자 살아도 냉장고 문을 열 때마다 reminder 할 수 있게 됩니다. 성경의 신명기에는 표를 손에 매어 휴대화 하여 자주 보고 미간에 붙여서 다른 사람이 볼 수 있도록 하고 문에 붙여 나도 확인하고 지나가는 다른 사람들도 볼 수 있게 하라고 합니다.

습관을 하고 나서 다른 사람도 확인 할수 있도록 해주면 좋습니다. 안전장치가 되어서 할 수 있게 하고 서로 동기부여와 격려를 해줄 수도 있습니다. 건강한 인정과 격려는 서로의 관계를 돈독하게 해주고 인정받은 사람은 온전한 자존감과 좋은 자신감을 가질 수 있습니다. 요즘은 습관을 인증하는 동호회, 커뮤니티, 오픈 채팅, 소모임 등이 많이 있습니다. 사회적 촉진효과로 같은 가치관을 가진 사람들과 함께 해서 성과를 내고 지속할 수 있는 방법도 좋은 습관형성법입니다.

5년 전 처음 이 습관을 가졌을 때 성장하고 발전한다는 느낌도 받았고 육체적으로 정신적으로 컨디션도 좋아졌습니다. 자기계발을 좋아했지만 혹시나 일시적인 것은 아닌지 아니면 작심삼일로 끝나는 건 아닌지 제 자신을 지켜봤습니다. 하지만 수년이 흐른 지금도 여전히 저는 자기계발을 하는 독서와 운동을 하는 시간이 즐겁습니다. 그렇게 자기 계발의 습관을 좋아하고 실행 했었지만 이전에는 하루도 빠짐없이 하지는 않았습니다. 하루도 빠짐없이 한다는 것에 저도 모르게 거부감이 있었던 것 같습니다. 많이 피곤하거나 쉼과 재충전이 필요할 때는 넘어가거나 4일 정도 하고 하루는 그냥 쉬기도 했습니다. 그리고 힘든 일이 있거나 슬럼프 일 때도 하지 않았을 때가 있었습니다. 쉬어주고 재충전해야 하는 것도 중요하다 생각했고 또 한편으론 그런 이유가 나름의 변명이 되기도 했습니다.

하루도 빠짐없이 하는 것이 기계처럼 느껴져서 그랬을 것입니다. 어느 TV프로그램에서 한 분야의 성공한사람이 출연해 아침 습관 루틴을 거의 10년 동안 하루도 빠짐없이 한 분이 나와서 그분의 방법을 소개하였는데 자기계발과 습관을 좋아하는 나였지만 그 모습이 마치 기계처럼 느껴졌었습니다. 그래도 사람인데 에너지를 충전을 할 때는 쉬어줘야지 하는 생각이 있었고 아플 때는 못할 수도 있지 않냐 는 생각을 했습니다. 그런 제가 최근에는 좋아하던 자기계발 습관을 루틴 화하여 빠짐없이 하고 있습니다. 그것도 아침 출근과 일하기 전 1~2시간 범위의 일관된 시간에 하고 있습니다. 좋은 시스템이 정착되면 정직한 습관이 몸

습관을 만들고 목표를 이루는 기술

과 태도에 스며들어 한결 편안하고 사람들에게도 좋은 기운을 전달합니다. 쳇바퀴 같은 루틴이지만 단련이 되고 또 그것을 지켜내는 것이 진정한 삶의 즐거움이 됩니다.

미라클 모닝의 작가 할 엘로드 가 기자들한테 질문을 받았는데 "미라클 모닝 하는 건 좋은데 쉬는 날은 언제인가요?" 라는 질문에 "쉬는 날이 있어도 좋지만 그냥 작게라도 매일 해 보세요." 라고 답변했습니다. 큰 결심으로 한 건 아니지만 그 이후로 그냥 매일 해보게 되었습니다. 그리고 저는 제 지인 분들과 또 습관 인증하는 모임에서 리더이기도 해서 계속하는 이유도 있습니다. 또한 계속 할 수 있는 비결이 있다면 습관을 아주 작게 한다고 생각해서 일 것입니다. 물론 저 같은 경우는 자기계발의 습관을 좋아하고 이제 익숙해져서 작게 하려 해도 좀 더 시간을 많이 가지고 하게 됩니다. 물론 몸이 안 좋거나 많은 일들이 있는 날에는 각 습관의 항목을 아주 짧게 합니다. 하루에 많이 하기보다 힘들 때도 아주 작지만 꾸준히 해보고 있습니다. 반면 컨디션이 좋을 때는 습관을 즐겨요. 그리고 주위 사람들에게도 그 즐거움을 공유하고 얘기합니다.

습관을 먼저 해놓는 이유

눈을 뜨고 기상 후 가장 좋은 습관을 미리 해놓는 이유는 다음과 같습니다.

첫째, 정신력이 강해지고 마음이 건강해집니다. 가장 좋은 것으로 하루를 시작하면 그날의 나의 생각과 감정이 결정될 가능성이 커져요. 스트레스에도 좋은 감정은 쉽게 없어지지 않고 유지됩니다.

둘째, 하루와 삶을 주도적으로 살게 됩니다. 아이디가 생기고 계획을 가지게 해서 자신의 삶과 하루를 주도적으로 살 수 있게 합니다.

셋째, 하루를 활력 있게 살 수 있게 합니다. 아침 습관은 세로토닌과 엔도르핀을 활성화 시켜줘서 오후까지 좋은 생산성을 나타나게 해주고 기분과 감정마저 좋게 만들어줍니다. 에너지가 넘치게 하고 활력 있게 살게 해줍니다. 사람은 좋은 감정일 때 좋은

습관을 만들고 목표를 이루는 기술

능력을 나타냅니다. 될 수 있는 한 좋은 감정상태를 많이 만들어 놓을수록 일도 수월하고 대인관계에서도 여유와 자신감을 갖습니다.

넷째, 사람들을 대할 때도 자신감 있게 대할 수 있습니다. 해야 할 말이 무엇인지 알게 되고 굳이 하지 말아야 할 말도 안 할 수 있습니다. 사람과의 관계와 대화에서 다소 당황스러운 상황에도 침착함을 유지합니다. 그리고 자신의 생각과 마음을 명확하게 전달하게 됩니다.

다섯째, 일과에 여유를 가질 수 있다. 가장 중요한 것을 미리 해 놓았기 때문에 본업을 하는 일과 중에도 여유로운 생각과 태도를 가질 수 있습니다.

여섯째, 위기가 찾아와도 버티는 힘이 생깁니다. 평소 운동을 통해 체력을 길러 놓았고 독서로 마음 근력도 다져 놓은 상태여서 어려움이 찾아왔을 때 쉽게 포기하거나 낙담하지 않습니다. 평소 피곤했던 시간대에 조금 더 버틸 수 있게 해줍니다.

일곱째, 큰 위기가 오지 않도록 미리 예방하는 유비무환의 자세를 가질 수 있습니다. 평소 운동을 해놓으면 병이 걸리거나, 부상을 당할 확률도 적어집니다. 책을 통해 경제적 자유를 얻는 방법을 익혀 조금씩 근면해진다면 경제적인 어려움을 당할 위험이 적어집니다. 좋은 믿음을 통해 역경이 찾아왔을 때도 쉽게 낙담하지 않습니다.

아인리히의 법칙은 1:29:300입니다. 한 번의 큰 사건과 일은 29번의 징조로 이뤄지고 300번의 작은 일과 습관으로 이뤄집니다. 좋은 습관을 작게 자주 해놓는다면 큰 사건과 안 좋은 일을 예방할 수 있습니다. 또 반대로 크고 놀라운 한 번의 성과도 작은 습관으로 이뤄낼 수 있다는 말입니다.

여덟째, 좋아하는 일과 해야 하는 본업을 끈기 있고 완성도 있게 하며 성과를 낼 수 있습니다.

이미 작은 습관을 꾸준히 하는 것을 몸에 베개 하는 방법을 익혔기 때문에 자신이 좋아하고 해야 하는 중요한 일을 꾸준히 하는 법으로 이어갈 수 있습니다. 누군가 어려운 일을 쉽게 하고 있는 걸 봤을 때 그 사람의 솜씨를 보고 달인이라고 합니다. 일에 몰아일체를 경험하고 결국 완성도 있게 일을 하며 결과와 성과

습관을 만들고 목표를 이루는 기술

마저도 탁월해집니다.

 강한 정신력을 만들고 멘탈을 갖추는 방법은 삶의 중요한 진리와 같은 행동과 태도를 지속하는 것입니다. 무리하면 오래가지 못하고 쉽게 부러질 수 있습니다. 영리하게 하는 방식이 점진적으로 좋아지는 방향입니다. 금속 피로라는 말은 아무리 강한 금속도 반복되는 응력(stress) 충격을 받게 되면 피로를 받고 미세한 균열, 금이 생기게 되는 것을 뜻합니다. 미세한 금은 계속 커져서 어느 샌가 단단한 금속도 부러지게 됩니다.

 단단해 보이는 사람이라 해도 생각지 못한 큰 어려운 일을 겪거나, 다른 사람에게 안 좋은 소리를 들으면 강철 같이 강해 보이는 사람도 흔들리고 마음에 상처를 입습니다. 그만큼 마음이 보이지 않아서 단단해 질 수도 있지만 약해서 깨지기 쉬운 유리 같기도 합니다.

 하지만 이건 우리자신이 약하기보다 사람이기에 자연스러운 것입니다. 힘든 일을 겪고 상처를 입을 때 마음을 잘 살펴 돌보는 일이 필요해요. 마음이 꺾이면 행동이 위축되고 얼굴과 표정도 경직됩니다. 긴장은 실수를 불러오게 되고, 운동선수의 경우 기량이 안 나오거나 부상을 입을 수 있습니다. 세계보건기구(WHO)에 따르면 부정적인 감정, 우울증 때문에 생산성 하락으로 매년 1조 달러의 경제적 손실을 입는다고 합니다.

모든 것은 마음먹기 나름이라고 합니다. 꺾여 있는 마음을 바로 세우려면 평소 마음 관리를 해놓아야 합니다. 바쁘고 신경을 못 써서 지나치는 만큼 번 아웃은 생각보다 빠르게 올 수 있어요. 건강한 식습관, 안정적인 긴 호흡, 스트레스를 덜 받는 환경조성이 필요합니다. 숙면을 취하도록 노력하는 것도 좋습니다. 이러한 습관을 완벽히 해서 진입장벽을 높이기보다 대충이라도 해보는 것도 충분히 통합니다. 시작이 미약해보여도 나날이 좋아지고 창대한 결과를 얻을 것입니다.

함께할 때 일어나는 시너지 효과

습관을 루틴화 하고 실행해서 그 날 자신이 한 루틴을 기록하여 인증하는 것은 더욱 큰 도움이 됩니다. 아무도 보지 않는 곳에서 혼자 할 수도 있지만 한계가 있을 수 있습니다. 누군가 보는 사람이 없을 때는 흐지부지 되어 며칠간 하지 않을 수 있고 게으른 예전으로 돌아갈 수도 있습니다. 저는 자기계발의 습관을 좋아해서 혼자서도 대략 할 수 있지만 저도 사람인지라 슬럼프가 왔을 때나 더 큰 걱정거리, 상처와 실패를 받았을 때 안 하게 되

습관을 만들고 목표를 이루는 기술

는 날도 있었습니다. 그래서 같은 가치관을 가진 사람들 속에 들어가서 인증을 하고 피드백, 나눔을 통해 끈기 있게 계속 해야 하며 서로 격려하며 동기부여를 받아야 합니다. 마라톤도 적정거리에서 같이 뛰는 사람이 있어야 완주하는데 도움이 되고 기록이 좋아집니다. 선의의 경쟁상대가 있어야 발전할 수 있습니다.

시너지 효과는 함께 했을 때 발휘되는데 말 한 마리가 보통 2톤 이상 무게를 끌 수 있다고 합니다. 그런데 말 두 필을 함께 묶어 끄는 힘은 2+2의 4톤이 아니라 그이상의 큰 무게도 끌 수 있습니다. 함께 일해 1 더하기 1은 2가 아니라 3과 4 그 이상이 나오는 상승효과를 시너지(synergy) 라고 합니다.

개인 SNS에 올려도 좋고 부 계정을 만들어 자기계발의 루틴의 인증, 좋은 습관 관련된 것만으로 업로드 하는 것도 좋습니다. 같은 관심사와 비슷한 자기계발을 하는 사람들과 소통을 통해 더욱 건강한 소셜 네트워크 활동을 하며 삶을 살아 갈 수 있을 것입니다. 친한 사람들과 습관, 글쓰기 루틴 인증을 위한 단체 톡 방을 만들어도 좋고, 최근에는 오픈 채팅, 카페를 통해 미라클 모닝 인증 및 여러 좋은 습관을 꾸준히 이어 갈수 있도록 만든 커뮤니티가 많으니 자신에게 잘 맞는 곳을 선택해 이어가게 하는 것이 안

전장치가 됩니다.

저는 하루를 시작할 때 아침에 하는 습관의 항목을 적고 목표로 세운 것들을 전날에 한 것을 간단히 기록해서 습관과 목표를 인증하는 단체 단톡방에 올립니다. 그날 그 목표를 위해 시간을 투자했는지 아님 어떻게 목표를 위해 노력했는지 간단히 서술합니다. 습관의 항목과 목표를 적을 때 너무 개인적인 사항이면 나만 알아 볼 수 있게 적는 것도 좋습니다. '실행이 답이다.' 라는 책처럼 목표는 사람들에게 얘기하고 선포할 때 더 빨리 이루어지는 것도 있지만 어떤 목표는 신중할 필요가 있습니다. 다 계획은 있겠지만 목표는 계획대로 안 될 때도 있습니다. 묵묵히 노력해야 하는 부분도 있어야 합니다. 같은 가치관과 각자 저마다의 좋은 목표를 이루기 위한 사람들 사이에서 인증을 꾸준히 이어 가면 목표한 바를 빨리 이룰 수 있습니다. 저 같은 경우 글을 쓰고 콘텐츠를 만들고 전자책과 책을 쓰는 것이 목표 인데 전날 한 분량과 이야기 예를 들어 '전날 40분 글쓰기 완료.' 라고 적고 루틴 인증 방에 인증합니다.

스쿼트 한 번도 운동으로 인정하면 됩니다. 저의 습관 인증 방

습관을 만들고 목표를 이루는 기술

은 습관을 들인 시간을 적어도 좋지만 대체적으로 습관을 들인 시간은 적지 않습니다. 좋은 습관은 작게라도 하는 것이 중요하기 때문에 스쿼트 한번과 헬스장에서 1시간한 것을 모두 운동을 한 거라 인정하기 때문 입니다. 계속 지속할 수 있는 방법은 바로 여기에 있습니다. 글 한 줄 읽는 것도 독서라고 인증하면 됩니다. 한 줄 감사일기나 좋은 가치관을 글로 적는 그 한 줄도 글쓰기로 인정하면 됩니다. 작고 하찮아 보인다고 생각할 필요 없고 남과 비교할 필요 없습니다. 나는 안 좋은 일이 있었지만 상처 받았지만 오늘도 내 삶의 가장 중요한 것들을 해냈다. 라고 자부하면 좋은 습관을 계속 할 수 있는 자신감을 가집니다. 삶의 다른 문제들도 침착히 잘 대응하고 해결할 수 있게 됩니다. 중요 하고 본질적인 것을 이미 했기 때문에 부가적으로 해야 하는 것들은 과감히 안 해도 되며 다른 사람에게 맡길 수 있습니다. 또 그 외에 다른 것을 주도적으로 해도 됩니다.

앞서 습관에 대해 어느 철학자는 인간의 자주성과 개성을 파괴시키는 일이라고 말 했습니다. 좋은 습관을 꼭 해야 하는 것이 속박처럼 느껴지지만 진리와 같은 중요한 것을 미리 조금씩 해놓는다면 중요한 숙제를 끝내고 오는 자유를 느낄 수 있습니다. 여기서 오는 자유와 자율성은 방탕하고 죄를 저지르는 것이 아닌 규율과 큰 틀 안에서 진취적인 자신의 삶의 주도권을 쥔다는 뜻입니다. 작은 한계를 두지 않고 더 넓게 생각하고 시도 하지 못했던 것들을 도전하고 좋은 사람들을 만나는 많은 기회가 열리는 삶을 의미합니다.

그 누구도 하루 24시간을 완벽히 살 수는 없습니다. 하지만 누구나 하루 몇 십분, 아니 몇 분은 좋은 습관을 지속하고 더할 수 있습니다. 삶의 가장 중요한 것들인 독서, 운동, 글쓰기, 복식호흡, 기도 등은 각자 하는 일은 달라도 모든 사람에게 유익이 되는 공통된 교집합 같은 것입니다. 우선순위에 둔다면 가장 효과적입니다. 하고 싶은 일과 꼭 해야 하는 일이 있다면, 그 시기에 맞는 일을 먼저 해야 합니다. 쉽지 않지만, 충동과 본능으로 하고 싶은 것을 하면, 나중에는 해야 하는 일로 고생할 수 있습니다. 하지만 중요한 일을 하면 위급한 사항이 줄어들고 여유가 생겨요. 그리고 추후에는 하고 싶은 일, 곧 자아실현을 하는 진정한 워라밸의 삶을 살 수 있습니다. 저녁형 인간인 사람이 있고 밤에 일하는 분도 계시기에 모두가 아침에 할 수 없지만, 평소 기상 시간의 20분이라도 미리 시작하면 됩니다. 보편적으로 낮에 일해서 저녁에 일과가 마치는 9to6의 삶이면 이른 아침 잠깐의 자기계발 습관이 효과적이기에 사람들과 책들이 추천 하고 있습니다.

습관을 만들고 목표를 이루는 기술

'시기에 맞는 해야 하는 일을 우선순위에 두고 한다면 위급한 것은 줄고, 나중에는 하고 싶은 자아실현을 하며 멋지게 살 수 있습니다.'

요지는 삶의 가장 중요한 습관을 미리 하는 것입니다. 미리 해놓고 쉰다. 미리 해놓고 삶의 여유를 즐긴다. 의 의미입니다. 이미 중요한 것을 해냈기에 자신감과 여유가 생깁니다. 학업이나 본업이 습관과 닮지 않았다 할지라도 끈기와 두뇌의 활성화, 몸과 정서가 건강해져요. 다른 어떤 일을 할 때 쉽게 물러나지 않으며 전략으로 일을 진행 시킵니다. 깊게 새겨진 끈기가 본업에 있어서도 능력을 발휘하게 됩니다. 독서와 정보 습득을 통한 지식이 있을수록 힘이 생기는데 특히 무엇이 옳고 나쁜지를 판단하는 분별력이 생깁니다. 더 중요한 것을 보는 지혜로 성과를 이뤄내는 시간과 에너지를 줄일 뿐 아니라 그 결과마저 더욱 탁월해집니다.

상처 주는 사람과 환경으로 부터 자유로워지는 법

시간을 효율적으로 쓰고 목표와 원하는 것을 구체적으로 결정해야 해요. 그것을 위해 버려야 할 것은 버려야 합니다. 재능은 크든 작든간에 누구든 가지고 있습니다. 지식을 쌓는 것도 배움으로 가능합니다. 하지만 끈기와 인내심을 발휘한 완주는 아무나 포함 될 수 없는 영역입니다. 가장 지칠 때 다른 사람들이 부정적인 말을 할 때 회복해서 이어나가는 것은 쉽지 않아 이 영역에서 많이 포기합니다. 스스로의 경주도 힘든데 상처 주는 사람과, 인간관계로 힘들어 하기도 합니다. 부정적인 말과 상처와 비꼬는 말을 해주었던 사람들에게 최선과 최고의 모습을 보여주어 그들의 판단을 바꿔 주는 것이 좋습니다. 까마귀는 지능이 높은 새여서 가끔 독수리 등에 타서 독수리의 목을 조르거나 비행의 에너지를 아낀다고 합니다. 그것이 귀찮은 독수리는 크게 괘념치 않고 오히려 더 높게 비상해 까마귀가 산소부족으로 버티지 못해 떨어지도록 합니다.

힘들게 하고 상처를 주는 사람들이 항상 있지만 잘 되는 것이 자신에게 유익입니다. 삶에 집중해서 더 높이 비상하도록 하세요. 잘 되는 게 최고의 복수라는 말도 있습니다. 끈기를 가지려면 체력은 필요한 요소입니다. 운동을 통해 포기하는 것을 포기하게 하고 결국 이뤄내서 문제보다 더 큰 비전을 이룰 수 있습니다.

중요한 루틴을 하고 이후의 시간에 자율성이 있지만 그렇다고 게으르고 방탕하게 살라는 건 아닙니다. 빠르고 화려한 시대인

습관을 만들고 목표를 이루는 기술

만큼 장기적인 행복 보다 단기적인 만족감을 위해 충동적으로 행동할 수 있습니다. 집중력이 흐트러지는 시대에 자기 관리가 약한 사람은 자신의 루틴을 효율적으로 하지 못해 절제하지 못하고 방탕할지 모릅니다. 자기 관리력이 강하면 다른 사람에게도 건강함을 나타내고 적절한 소비와 행동으로 경제적 관리에 대한 감각도 갖추고 누릴 수 있는 부는 최대한 이득으로 얻으면서 몰입과 올바른 선택을 합니다.

습관과 목표로 만드는 슈퍼멘탈

한 번의 파워

1. 쉼 호흡 한번은 몸과 마음의 그릇을 키워줍니다.

2. 스쿼트 한번으로 테스토스테론과 성장호르몬을 방출시키고 근육이 생성됩니다.

3. 책 읽기 한 줄은 아이큐를 높이고 두뇌를 작동시킵니다.

4. 눈감고 기도 한번은 목표에 집중하는 힘을 키워줍니다.

5. 한 줄 글쓰기는 정리하는 능력과 가장 중요한 것을 남깁니다.

6. 좋은 말 한마디는 내가 듣지만 상대의 마음을 살립니다. 한 번의 힘은 절대 무시할 수 없고 우선 한번 시작하면 관성의 효과로 두 번, 세 번은 쉽게 하게 됩니다.

습관을 만들고 목표를 이루는 기술

가장 소중한 자유를 얻기 위해
작은 자유는 포기한다

——

대형 엔터테인먼트 대표이자 유명 싱어 송 라이터인 한 뮤지션은 아침 루틴을 중요시 여깁니다. 늘 같은 시간에 일어나 자신의 몸에 최적화 되어있는 견과류와 영양제, 음식을 챙겨먹습니다. 정해놓은 체조동작으로 근육을 스트레칭하고 뮤지션으로 기초가 되는 발성연습을 십년이상 해오고 있습니다. 미리 짜놓은 매뉴얼로 운동을 하고 외출 준비도 시간낭비 없이 합니다. 많은 히트곡과 후배 뮤지션을 발굴해냈음에도 자신은 천재가 아니라

평하고 습관들 중 하나라도 빠지면 노래와 춤에 영향이 가서 안좋은 무대가 팬들에게 비춰질 때 미안하다고 합니다. 뮤지션으로서 노래와 춤추는 자유가 너무 좋아서 아침 습관들을 루틴으로 만든 것이 힘든 구속이 아닌 행복이라고 표현합니다.

가장 소중한 자유를 얻고 누리기 위해서 일상의 작은 자유는 접거나 포기하는 것입니다. 습관을 하면 자신의 실력이 조금씩 늘어나는 것을 느끼고 체크할 수 있습니다. 힘들 때와 하기 싫을 때 다시 하고 싶은 자신만의 동기부여가 있어야 합니다. 나의 퍼포먼스를 기대하는 사람들, 사랑하는 가족, 주위의 소중한 사람들 그들과의 진정한 관계와 기대에 부응하기 위해서 실력을 쉽게 쌓게 하는 작은 습관을 반복해야 합니다. 이렇듯 비생산적인 일처럼 보이는 습관들이 결국 폭발적인 퍼포먼스를 보여줍니다.

자신의 본업과는 관계없어 보이는 습관들이 업무의 능률을 올리고 연관된 아이디어를 떠오르게 하며 실행력을 높입니다. 좋은 습관으로 이뤄진 자기 철학으로 시스템을 정착시킵니다. 이런 시스템은 실력을 상향시키고 정직한 태도의 삶을 보여줍니다. 유별나다고 하는 사람도 있지만 꾸준하면 인정하고 결국 배울 점이 많은 사람이라는 평을 받습니다. 인생 전반에 형성되는 모습과 불어 닥치는 결과들은 반복된 습관과 태도에서 비롯된다는 걸

습관을 만들고 목표를 이루는 기술

생각해야합니다. 조금의 습관이 오늘의 실력을 작게 더 향상 시킵니다. 값어치 있는 큰 보상을 얻기 위해 그보다 작은 자유는 포기하는 결단도 내립니다. 탁월한 사람은 최고의 능력을 보여주기 위해 비생산적인 습관을 기민하게 하는데 하루의 첫 시간에 할 만큼 가장 중요하게 생각합니다. 타고난 재능도 중요합니다. 그리고 저는 진리와 본질에서 오는 지혜로 생각하고, 반복하는 것의 힘을 믿습니다. 세상은 '사람은 변하지 않는다고, 고쳐 쓰는 것이 아니다.' 라고 흔히 얘기합니다. 그래서 사람이 성장하고 변화되는 것은 큰 감동이 있고 그 가치가 정말 큽니다.

저는 하루를 시작할 때 운동으로 잠을 깨우고 체력을 올려 몸을 활성화 시킵니다. 진리를 깨우치는 Quiet Time에 진심이며 다양한 책을 읽는 것을 즐깁니다. 생각에 도움을 주는 견과류와 야채, 순수 단백질을 섭취하려고도 해요. 다른 일을 하다가도 중간 쉬는 시간에 스트레칭으로 경직된 몸을 꼭 이완시켜주고 쉼 호흡과 휴식을 중요하게 생각해요. 하루의 모든 피로와 스트레스를 깊은 단잠을 통해 해소하고 싶어 낮 동안은 햇빛과 밝은 곳을 찾아 세르토닌 분비를 높이려 합니다. 좋은 것을 읽고 생각해서 간략하게 정리하는 것을 좋아합니다. 정리한 것은 말로 하거나 글로 적어 영향력을 확대합니다. 사람들을 만날 때도 최대한 친절하고 자신감 있게 만나려 해요. 하루를 시작하는 습관과 좋은 루틴이 중요한 것은 이 모든 일에 유익하고 더 좋은 나로 변화되기 때문입니다. 조금 유별나다고 할 수 있고 '힘들지 않냐?'라고 말할 수 있습니다. 하지만 이러한 궤도에 올랐을 때는 힘들기보다 재밌는 삶의 한 부분으로 느껴집니다. 또 이렇게 사시는 분들과 유대감을 형성하고 다른 사람들에게는 동기부여를 전할 수 있어요.

사람은 잘 변하지 않는다고 하고, 나를 바꾸는 것은 고통스러운 훈련입니다. 그만큼 오랜 습성으로 인해 생긴 모난 부분을 다듬는 연마와 제련의 과정은 시간이 걸리기도 합니다. 그럼에도 삶이 좋게 변모되어 개과천선하는 것은 분명 감동적입니다. 변하지 않을 것 같은 사람이 노력으로, 은혜로 변화되는 스토리를 원하고 보고 싶어 합니다. 나부터 그렇게 한다면 주위사람들이 변할 가능성이 있어요. 자리가 사람을 만들 듯 주위 환경과 시스템이 좋게 바뀌면 그 분위기에 맞게 사람은 행동합니다. 습관으로 변화되는 훈련 뒤엔 보상과 기쁨이 더 크다는 걸 기억하십시오.

물질만능 주의로 요즘 많은 아이들도 집의 자가 여부와 자산 등으로 서로를 비교한다고 합니다. 돈과 인기를 쫓아가다 놓치는 것이 있습니다. 마음과 정신력입니다. 성공과 실패가 공존하는 삶에 버텨줄 정신력이 필요합니다. 겉치레와 허영이 아닌 자신의 아름다운 습관과 삶의 태도를 자랑해보세요. SNS등에서 돈과 인기를 수시로 비교하는 건강하지 못하는 삶이 아니라 당당한 자존감으로 세속을 이기는 사람이 될 것입니다. '겉치레와 허영이 아닌 자신의 아름다운 습관과 삶의 태도를 자랑해보세요.'

Chapter 3.

어떻게 살 것인가?

더 강하고 유연하고 번영하는 것

———

삶이 때로는 아름답고 멋지지만 작은 고통의 연속입니다. 자고 일어나면 피곤하고 멋진 인간관계를 원하지만 직장에서 학교에서 일과 학업도 힘든데 관계 때문에 더 힘듭니다. 경제적 상황도 드라마틱하게 빨리 좋아지지 않습니다. 고물가와 저성장, 전염병과 자연재해, 다른 나라는 전쟁도 일어나는 시대입니다. 환율, 주가의 변동과 산업과 경제상황도 안 좋아지는 것 같습니다. 또 앞으로 어떤 일이 일어날지 예측하기 힘듭니다. 환율과 주가의 변동, 산업과 경제상황도 안 좋아지는 것 같습니다. 무슨 일이

습관을 만들고 목표를 이루는 기술

일어날지 모르는 불확실성에 충격, 스트레스, 고통에 대비되어야 합니다. 그리고 좋은 일이 일어나길 바라고 기도해야 합니다.

충격과 스트레스 고통을 대비하기 위해 진리와 같은 것들 성경, 기도, 독서, 운동, 긍정적인 말과 태도, 글쓰기 등은 충격과 위기에 잘 버티게 하는 확실한 도구들입니다. 이 습관들은 시작할 때는 비록 미약해 보이지만 강한 정신력을 만들고 멘탈이 흔들려도 다시 돌아오게 하는 힘을 발휘하도록 합니다.

프래질(fragile)이라는 단어가 있습니다. 스트레스와 고통을 받으면 깨진다. 라는 뜻입니다. 작가이자 애널리스트인 나심 탈레브가 했던 말인 안티 프래질 (antifragile)은 스트레스와 고통을 받는데 깨지기는커녕 더 단단해지고 유연해지고 번영한다는 뜻입니다. 살면서 스트레스와 고통을 받지만 더 단단해지고 유연하고 번영하는 것은 무엇일까 생각해봤습니다.

근력운동은 무겁고 힘들지만 반복할수록 근육은 더 단단해집니다. 달리기는 숨차지만 지속하면 체력과 지구력이 탁월해져요. 세상은 힘들지만 독서하면 마음이 건강해지고 정신이 충만해집니다. 부정적인 뉴스가 많지만 명상과 확언, 기도는 마음과 생각을 긍정적으로 만들어줍니다.

어려움이 많은 삶이라서 더 진리 안으로 들어가야 합니다. 특히 여러분들이 삶을 살다가 상처를 받으면 진리와 같은 것들로 돌아와야 합니다. 인문 고전이 좋은데 그 이유는 예전부터 약 2,000년 전부터 흘러 내려오는 글들은 시대와 산업이 변해도 지금도 많이 읽히는 인정받는 글과 책이어서 그렇습니다.

오랫동안 전해 내려오는 글을 통해 사람에게 유익한 게 무엇인지, 또 무엇에 열광하며 뭘 두려워하는지 학습할 수 있어요. 이것은 인간관계에 있어서 사회생활에 있어서 투자와 사업에 있어 성공하는 원리를 찾는 방법이 되기도 합니다.

진리라는 것은 영원한데 변하지 않는 것이고 삶의 기준점입니다. 이 기준점에 왔을 때 회복하고 성장할 수 있습니다. 진리 같은 것들이 뭐죠? 바로 독서, 운동, 사색, 기도, 명상, 생산적인 글쓰기, 다른 사람에게 대하는 좋은 태도, 꾸준한 성실함 등입니다. 고리타분한 것 같지만 이것이 삶의 진리입니다.

아마존의 CEO 제프 베조스는 기자들에게 이런 질문을 많이 받았다고 합니다. 그는 성공한 리더이고 유명한 CEO이기에 기자들이 "앞으로 뜨게 되고 발전하게 되는 산업은 무엇입니까?"라는 질문했습니다. 그러자 제프 베조스는 "앞으로 발전하게 되는 산업도 분명 중요한데, 그것보다 사람들이 궁극적으로 원하는

습관을 만들고 목표를 이루는 기술

산업에 집중하고 투자하고 사업을 해라. 그러면 실패할 확률이 적어지고 지속적으로 성공하게 될 것이다." 라고 대답했습니다. 그렇기에 아마존 기업은 사람들이 궁극적으로 원하는 다양한 상품, 저렴한 가격, 빠른 배송으로 글로벌 탑 기업으로 성장되었고 지금까지 유지되고 있는 것입니다. 시시각각 흔들리는 것이 아닌 변하지 않는 것에 집중하면 중심이 흔들리지 않습니다. 불변하는 것을 본다면 시간을 넘어서는 통찰을 얻게 됩니다. 사업과 일에 있어 실패할 확률은 줄어들고 삶의 밸런스(balance)가 잡힙니다. 시간이 지나도 사람들이 원하는 것, 불변하는 좋은 습관이 성공과 진정한 건강을 얻게 합니다.

정보편향이라는 말이 있습니다. 과정은 잘 살피지 않고 결과만 본다. 라는 뜻입니다. 코로나 이후 온라인 산업이 더 활발해지고 각광 받아서 메타버스와 관련된 주식종목들이 주목 되어 투자자들이 몰리고 돈의 유동성이 풍부해졌었습니다. 하지만 관련 기술을 살펴보면 크게 획기적인 기술이 있거나 우리의 기대치를 충족시킬 만큼의 드라마틱한 메타버스 기술들은 아직은 아니었습니다. 산업에 있어 좋은 결과가 진짜 나올 수 있는 것인지 과정을 지켜보는 통찰력을 기른다면 투자나 사업에서 실패할 확률이 줄어들고 성공확률이 높아질 것입니다.

삶에서 상처받고 실패를 겪을 때 진리로 돌아와야 회복하고 평안과 힘을 얻습니다. 그리고 삶의 성공 또한 진리 안에 있습니다. 크게 성공하는 방법일수록 진리 안에 잘 숨겨져 있어 그것을 찾아내고 탐구하는 과정이 반드시 필요합니다. 그리고 현재 세상의 시세를 보고 감각을 길러야 합니다. 독서로 지식을 쌓고 전략으로 실행을 지혜롭게 해야 합니다.

습관을 만들고 목표를 이루는 기술

두뇌를 활성화 시키는 독서법
(뇌 가소성 높이기)
—

가치가 올라가는 곳에 시간과 에너지를 투자하라

제가 습관인증을 하면서 매일의 목표도 기록을 했습니다. 습관은 자기관리의 영역이고 목표는 실행의 영역입니다. 책은 일상에서 지속적으로 조금씩 읽으면 좋습니다. 그리고 삶을 변화시키고 싶다면 지식과 진리를 실행해야 합니다. 여러분들에게 권유하고 싶은 것은 앞으로 시간이 흐르면서 점점 가치가 올라가는 것에 지금 자신의 에너지와 시간을 투자해야 한다는 것입니다. 그렇지 않으면 나중에 되어서 그 시기에 하지 못했던 것, 투자하지 못했던 것이 시간이 지나 후회로 남게 됩니다.

독서는 크게 2가지 형태가 있습니다. 지금 나의 문제를 해결하고 개선할 노하우를 얻는 긴급하고 중요한 책을 읽는 독서, 그리고 삶의 전반적인 지혜와 교양, 깨달음과 통찰 등을 얻을 수 있는 인문고전, 교양 책등을 읽는 독서입니다. 자신의 전공이나 직업, 하고 있는 사업, 지금 삶의 문제를 해결하고 빨리 답을 얻어야 하는 긴급하고 중요한 책 더 발전하게 하는 책, 앞으로 하고 싶고 해야 하는 비전과 관련된 책이라면 독파해야 합니다. 두 번 읽고 세 번 읽어서 하고 내 걸로 만들어야 해요. 그리고 지행합일의 뜻처럼 실행해서 내 삶으로 만들어야 합니다. 또한 전반적인 지식과 지혜, 교양을 쌓는 인문 교양책 등은 평소 꾸준히 읽어보세요. 삶의 지혜와 통찰을 얻는데 큰 도움이 됩니다.

저는 다독을 하는 편인데 읽고 싶은 장르의 책을 몇 권 쌓아놓고 영어 단어에 At a glance(쓰윽 훑어 보다.) 라는 뜻처럼 쓰윽 훑어보고 좀 더 자세히 목차를 확인 하면서 내가 뽑아내야 할 내용을 잘 뽑아서 읽는 포인트 독서를 합니다. 물론 독서 방법에 정답이 있는 건 아니지만 저의 경우 도서관에 가면 10권을 빌릴 수가 있습니다. 장르가 다른 두 권씩 예를 들어 자기계발서 2권, 마케팅 2권, 재테크 2권, 인문학 2권, 또 제가 읽고 싶은 것 2권 총 10

습관을 만들고 목표를 이루는 기술

권을 빌립니다.

동시에 여러 권을 읽은 포인트 독서와 다독 스타일

　한 권을 들고 나에게 필요한 부분 한 챕터를 읽고 또 다른 책을 들어 한 챕터를 읽습니다. 저는 이런 식으로 여러 권을 동시에 읽는 다독가 스타일입니다. 여러 권의 책을 동시에 읽으면 피곤하고 집중력이 분산될 것 같지만 독서에 있어서는 뇌 가소성이(두 뇌가 환경과 활동에 따라 뇌세포와 부위가 유동적으로 더 좋게 변한다는 뜻) 좋아집니다. 지식이 쌓이고 서로 다른 책 내용들이 유기적으로 연결되기도 합니다. 거기에 나의 경험과 생각들이 융합되어서 지혜가 생깁니다. 내면에서 성숙되어 나오는 것이 좋은 말이 되고 글로써 재탄생되는 것이 책이 되는 것입니다. 두뇌를 활성화 하고 자극 시켜 말을 할 때도 통찰력 있게 말하게 됩니다. 듣는 사람은 깨달음을 얻고 생각이 넓어지게 됩니다. 논리적으로 차분히 말하는 것도 당연히 가능해집니다.

　좋은 것을 읽는다는 건 뇌 세포는 활성화 시키고 아이디어가 샘솟는 일이 많아지는 것을 의미합니다. 아이디어는 의식적으로 머리를 싸매고 의식적으로 생각날 때도 나겠지만 영감과 아이디어는 편안함을 느끼는 세타파가 나올 때 생성이 됩니다. 그래서 아르키메데스가 편안히 목욕을 하던 중 욕조에 들어가서 물이 넘쳤을 때 외친 것을 '유레카'(그리스어로 뜻밖의 것을 알아냈다)라고 합니다. 자율신경계를 좋은 상태로 만들어 주면 아이디어 생성에 도움을 줄 수 있습니다. 평소 몸과 마음의 자율 신경계를 좋게 하려면 명상과 기도, 복식 호흡, 스트레칭과 같은 몸을 편하게 이완 시켜주는 작은 습관과 같은 동작이 필요합니다. 야채, 순수 단백질, 견과류와 같은 식습관이 도움 되며 일상을 살아갈 때도 아이디어는 번뜩 떠오릅니다. 저도 일상 중 아이디어가 떠오르는데, 샤워를 하면서 아이디어가 떠올랐을 땐 메모하기 어려워 기억하고 있다가 끝나면 기록을 꼭 남깁니다. 그리고 실행하는 편입니다. 안정감을 느낄 때 세타파가 나오고 좋은 생각과 번뜩이

습관을 만들고 목표를 이루는 기술

는 아이디어가 나옵니다. 명상이나 잔잔한 기도처럼 눈을 감고 편안히 있을 때, 스트레칭 하며 몸을 이완할 때, 편한 소파에서 잠시 쉴 때, 일상 속, 마음의 이완 상태에서 아이디어는 떠오릅니다.

저는 독서 토론 모임도 적극적으로 나갑니다. 수많은 독서 모임을 나가고 횟수도 많이 참여하지만 이런 독서 방법이 책 이야기, 독서 토론할 때 굉장한 도움이 되었습니다. 앞으로 강연, 강의, 클래스에도 유리하게 적용이 될 것입니다. 또한 글을 쓸 때 간결하고 명확하게 글의 힘을 담아 쓸 수 있게 합니다. 심플하게 얘기하자면 독서는 인풋의 작업이지만 곧 이어서 아웃풋을 좋게 합니다. 생각이 바뀌고 좋은 마음 상태로 변화되어 우리의 말이 좋아지고 행동이 좋아집니다. 글을 쓰고 모두에게 유익함이나 재미를 주는 콘텐츠를 만들게 해줍니다.

책과의 만남, 사람과의 만남

첫 번째는 독서를 통해 좋은 책들과의 만남, 두 번째는 좋은 사람들과의 교류와 만남일 텐데 첫 번째가 빠르고 효율적입니다. 좋은 사람들과의 만남에도 적극적이어야 하지만 상대가 바쁘거나 상황이 여의치 않을 수 있습니다. 그래도 다른 좋은 사람을 만나러 가보기도 하고 세미나와 강의, 교육을 잘 알아보고 참가하는 것도 좋습니다. 지혜서인 잠언에는 지혜로운 사람과 함께 다니면 지혜를 얻고 미련한 사람과 사귀면 해를 입는다고 합니다. 안 좋은 사람이라고 할지라도 인격적으로 무시하라는 것은 아닙니다. 인사를 하고 기본적인 존중으로 대하면서 간단히 안부를 전하고 받아야 합니다.

하지만 부정적인 사람, 안 좋은 영향을 받을 수밖에 없는 사람은 오랜 시간을 일부러 가질 필요는 없습니다. 우선 그들에게 좋은 영향을 줄 수 있는 말과 행동의 모습을 조금씩 꾸준히 보여줘도 굉장히 잘한 것입니다.

삶의 태도가 품격을 스며들게 하고 삶의 높낮이를 결정합니다. 무례하게 말하고 대하는 사람도 시간이 지나서 좋은 태도를 가진 사람의 가치를 결국 깨닫습니다. 상처를 주고 힘들게 하는 사람을 당장 품고 사랑하기 힘들다면 우선 미워하지 않는 것만으로도 큰 용기입니다. 미워하고 용서가 하기 쉽지 않은 무례한 사람들이 간혹 있습니다. 모든 걸 다 참을 순 없을지라도 시간이 지나면 용서가 안 되고 무례했던 그 일이 큰일이 아닌 경우가 많습니다. 자신이 큰 사람이 되면 작은 문제와 어려움으로 흔들릴 일은 없어집니다. 언제 그랬냐는 듯 관계는 다시 돈독해지는 일도

습관을 만들고 목표를 이루는 기술

많습니다.

힘든 사람 때문에 자신이 해야 할 중요한 일에 에너지와 신경을 뺏기면 안 됩니다. 상황을 객관적으로 정리하고 비전에 잠시라도 집중해서 이뤄가야 합니다. 그럴 때 강한 멘탈이 형성되고 또 힘든 사람을 만나더라도 충분히 감당하는 처세술을 얻으며 성장하게 됩니다. 목표를 이루거나 생각을 긍정적으로 전환하면 힘들었던 상황도 관점에 따라 큰 문제가 아닌 것이 되고 힘든 사람 또한 관계와 상황이 충분히 좋아질 수 있습니다.

책을 소리 내어 읽을 때의 좋은 점

1. 글을 소리 내어 읽으면 문장에 리듬이 생기고 중요한 구절에 강약과 템포를 줘서 활력이 스며들고 복식호흡 또한 할 수 있습니다.

2. 두 사람이 한번 씩 읽고 들어주는 교독은 상대의 말을 듣고 이해하는 독해력을 향상 시킵니다.

3. 책을 읽고 느낀 점을 서로 얘기하고 토론하면서 두뇌의 각성 효과가 일어납니다. 좋은 질문과 해답을 찾은 과정을 통해 발전하게 되고 문제 해결 능력이 생깁니다.

4. 독서하고 느낀 점을 쉽게 정리하고 얘기하면서 책의 내용을 오랫동안 기억할 수 있습니다.

5. 잠잠히 읽는 묵독에 비해 입을 움직이며 소리 내 읽는 것이 신체 활동이 됩니다. 두뇌로 전달되어 생각을 하는 전두엽이 발전하고 읽은 내용을 누군가에게 설명할 때도 호흡이 연습되어서 훨씬 자연스럽게 전달할 수 있습니다.

습관을 만들고 목표를 이루는 기술

성품과 능력, 인간관계와 리더십

———

저는 지인 분들이나 책을 읽으시는 분들에게 간혹 한 번씩 이런 질문을 합니다. '능력이 뛰어난 사람이 중요하냐?' 아니면 '성품, 인성이 좋은 사람이 중요한가?' 라는 질문을 합니다. 물론 둘 다 좋은 게 제일 좋습니다. 하지만 주위를 둘러보면 둘 중 하나인 경우가 많습니다. 대략 질문의 대답은 그래도 능력이 뛰어나야 쓰임을 받으니까 능력이 좀 더 중요하지 않냐 라는 대답을 받았고 저도 조금 그렇게 생각했습니다. 하지만 지혜서라고 할 수 있는 잠언에는 다음과 같이 나옵니다. '정직한 사람은 땅에서 잘되고 흠이 없는 사람이 결국 성공하게 된다.' 잠언에 나오는 성공하는 방법에는 '능력이 뛰어나야 한다.'라는 말이 들어가 있지 않습니다.

사회 초년생은 처음이라서 서투르고 실수하고 실패할 수 있습니다. 하지만 누구나 맡은 일과 그 자리를 직책을 꾸준히 하다 보면 그 사람이 전문가가 되고 베테랑이 되고 과장, 부장 또 끝까지 자리를 지킨다면 임원이 되는 거예요. 쉬운 건 아니지만 끝까지 살아남으면 사장도 될 수 있어요.

능력은 반복할수록 갖춰지고 발전합니다. 하지만 성품과 인격, 인성은 지금부터 관리해야 합니다. 평소에 자신의 마음을 습관으로 잘 관리하고 어려운 일로 마음이 요동칠 때 다스리는 사람이 용맹한 용사 보다 더 강한 사람입니다.

'임인유현(任人唯賢)'이라는 말이 있습니다. '인품과 능력이 있는 사람에게 일을 맡긴다.' 라는 말입니다. 자기 계발을 통해 성품을 잘 관리하고 자기개발로 자신의 능력도 갖추도록 해야 할 것입니다. 이슈가 되는 것들이 있었습니다. 빨리 성공하고 통과하려는 편법들과 불법들. 누군가를 비난하려는 건 아니며 저 또한 완벽하지 않습니다. 그렇지만 여러 이슈들 사이에서 노력과 진정

습관을 만들고 목표를 이루는 기술

성 그리고 삶의 지혜들로 성공하시는 저와 여러분들이 되셨으면 좋겠습니다.

자신을 발전시키고 내면이 성숙한 사람은 상대의 실수엔 관용을 베풉니다. 처음 독서를 하고 좋은 습관을 들이다 보면 지식이 생기고 컨디션이 좋아집니다. 여기서 조심해야 할 것은 좋아질 때 쉽게 교만하거나 다른 사람을 판단 할 수 있다는 것입니다.

저는 독서를 좋아하고 자기계발을 좋아하면서 간혹 성향이 다른 분들을 만나면 도리어 자신들을 판단하진 않는지, 또 독서로 쌓인 지식과 지혜로 아는 척을 해서 안 좋다고 비판을 하실 때도 간혹 있습니다. 하지만 독서를 할수록 묵상과 사색을 하게 되고 인문학적으로 생각하게 합니다. 훌륭한 성품을 위해 부단히 노력하면 사람을 이해하고 넓은 마음으로 시간이 갈수록 더 많은 사람을 품습니다. 이는 나 아닌 다른 사람의 입장을 생각하며 배려하는 것에서 시작합니다. 이런 사람은 자신을 돌보며 발전하기 위한 태도를 가지고 상대에게는 친절하고 너그럽게 대합니다. 성경에서 말하듯 내 눈 안에 있는 들보, 큰 기둥 같은 흠 부터 해결하고 상대의 티끌 같은 흠은 때론 사랑으로 덮어 줄 수 있어야 합니다.

언어폭력과 학교폭력, 묻지마 폭행 등 요즘은 정서적인 건강과 안정이 필요한 시대입니다. 탁월한 사람들의 공통점이 있다면 그들은 좋은 것을 읽고 듣고 봐서 실력은 키우고 성품은 갖추려 합니다. 실력도 분명 중요하지만 성품은 더 중요합니다. 살면서 가정과 학교, 직장, 단체에서 사람과 사람이 만나 시간을 보내야 합니다. 성격에 모난 부분이 있다면 서로 부딪힐 수 있습니다. 예전한 공동체에서 리더 분들이 실력은 있는데 성격이 다소 다혈질이었던 분들이 있었습니다. 처음엔 그런 모습들이 시원해 보이고 강해 보였지만 결국 그 성품을 잘 다듬지 못해 몇 년 후엔 리더의 자리에서 그분들이 지속하지 못했던 것을 보았습니다.

바다에 매끄러운 자갈과 조약돌은 오랜 시간 파도의 물결로 만들어졌습니다. 거칠었던 표면이 돌끼리 부딪히고 반복적으로 파도에 맞으면서 매끈해지는 것입니다. 손으로 만졌을 때도 다치지 않을뿐더러 어떤 것은 소장하고 싶을 정도의 예쁜 조약돌도 있습니다. 타고난 성품, 캐릭터(character)를 인정하고 개성(고유한 특성)을 존중해야 할 것입니다.

하지만 사람과 사람이 부딪히는 부분에서 생기는 모난 부분을 다듬고 매끄럽게 한다면 서로 마음이 다치는 일이 적어질 것입니다. 관계에서 오는 작은 어려움은 시간이 지나면 별것 아닌 경우가 많습니다. 훗날 웃으며 서로 다시 만나는 일을 생각해보는

습관을 만들고 목표를 이루는 기술

것도 좋습니다. 다듬어진 돌이 예쁘고 나란히 놓으면 관상용으로 좋듯 좋은 성품은 함께 하는 시간이 힐링(healing)이며 더 같이 있고 싶어집니다. 또 그 관계는 서로가 볼 때도, 타인이 볼 때도 아름답습니다.

한 조직과 단체에서 자리를 지키며 발전한 사람들은 훌륭한 성품이 뒷받침 되었습니다. 자기만의 분야에 자리를 잡았다면 재능과 능력의 잠재력은 있다는 뜻이고 실력은 처음에 부족하면 노력으로 채울 수 있고 지속하면 늘게 됩니다. 하지만 평소 일상의 인성 훈련이 되지 않으면 한 순간에 큰 실수를 하고 사건과 사고를 일으킬 수 있습니다.

독서를 통해 실천하는 사람은 말과 행동에서 좋은 품성을 드러냅니다. 그들의 온유한 성격이 타고났을 거라 생각되지만 뼈를 깎는 노력과 인내, 훈련이 동반되어 온유한 성품을 지니게 된 것입니다. 한 분야에 성공한 사람도 스트레스를 받고 난처한 상황과 모욕적인 일들을 겪었겠지만 그때도 마음을 다스리고 건설적인 방향으로 힘차게 나아갔기 때문에 성공과 존경을 얻게 된 것입니다. 감정이 격한 위기 때, 좌절과 낙담이 왔을 때 도 큰 실수를 저지르지 않으려면 성품을 관리해야 합니다. 자기관리를 잘하고 마음을 잘 다스리는 사람은 성을 지키는 강한 용사보다 낫습니다. 실력으로 쌓은 성공도 한순간에도 무너질 수 있기에 평소 좋은 성품과 지혜로운 행동으로 위기 때도 슬기롭게 돌파하는 여러분들이 되시기 바랍니다.

좋은 성품은 도덕적 흠이 없는 완벽한 상태나 거창한 선행만 하는 것은 아닙니다. 왜냐하면 사람은 누구나 연약한 존재이기 때문입니다. 겸손하고 정직한 사람은 아무런 잘못도 저지르지 않는 사람이기 보다 잘못을 했을 때 그것을 인정하고 진심으로 용서를 구하는 사람입니다. 완벽한 사람은 없어도 온전한 사람이 되려고 한 걸음씩 노력할 수 있습니다. 내면과 언행을 돌아보는 자아성찰이 필요합니다. 마음에서 우러나오는 것이 자연스러운 태도와 말과 행동이 됩니다.

반면에 마음이 온전하지 못할 때도 있습니다. 그럴 때는 좋은 행동과 말을 먼저 하는 것도 효과적입니다. 자신감이 적을 때는 자신감을 보여주는 큰 포즈를 취하거나 기합을 넣으면 마음가짐도 달라지듯이 말입니다. 우선순위는 잘못 되었다 할지라도 착한 말과 행동을 반복하다 보면 실제로 착하게 되는 것입니다. 훌륭한 인성을 닦는 출발은 나아닌 타인을 인격적으로 존중하고 배려하는 마음에서부터 시작합니다. 은률(silver rule)에 따르면 내가

습관을 만들고 목표를 이루는 기술

듣기 싫은 말은 결국 상대도 듣기 싫은 말입니다. 직장에서 일도 힘든데 인간관계로 더 많이 힘들어한다고 합니다. 상처받기 싫다면 우선 내가 성숙한 사람이 되어야 합니다. 능력은 뛰어난데 인성이 안 좋은 사람과 일머리는 좀 없지만 성격이 착한 사람누구와 일하고 함께 시간을 보내고 싶나요?

이 글을 읽는 우리 모두가 능력도 개발하고 성품도 관리하는 시대가 찾고 사람들이 칭찬하는 성숙한 사람이 되길 바랍니다.

능력과 성품, 좋은 가치관을 가지는 진정한 리더

리더십(leadership)에 있어서도 성품과 인격은 밑바탕이 되는 덕목입니다. 또한 탁월한 리더십은 한 분야에서 성과를 내고 성취하는 능력을 나타내야 합니다. 그리고 악습관을 뿌리 뽑고 환경과 분위기를 개선하는 혁신적인 리더십이 있어야 합니다. 좋은 태도는 갖추고 한 단계 도약하려는 도전정신이 필요합니다. 리더로서 영향력을 주려면 도덕성 또한 중요합니다. 인간관계를 잘 맺고 사회성을 잘 기르려면 자신을 잘 살피고 다른 사람도 돌보아 헤아려야 합니다. 인격적으로 구성원들을 대하고 팔로워 들에게 좋은 비전을 제시하고 힘을 불어넣어줘야 합니다. 시기에 맞는 공감과 위로, 분위기를 화목하게 하는 부드러움과 위트도 가지면 좋습니다. 팀과 구성원을 리드할 때 생길 수 있는 위기 속에도 침착하고 지혜롭게 문제를 해결해야 합니다. 그런 의연함을 통해 팔로워 들이 안정감을 찾고 리더를 신뢰하게 됩니다. 리더의 생각과 계획을 사람들과 공유하고 나누면서 관계를 밀접하게 형성해나가는 소통의 과정도 중요합니다. 적재적소에 위임할 수 있고 의견을 청취하면서 과정을 수정하고 더 나은 결정을 내릴 수 있습니다.

리더십에서 무엇보다 중요한 것은 리더의 가치관입니다. 먼저 올바른 가치관을 갖는 것이 열심히 하는 것 보다 중요합니다. 지금 특별한 리더의 직분을 가지고 있지 않다 하더라도 말과 행동, 직업과 사회 활동을 통해 좋은 영향을 주고 있다면 바로 그 사람이 리더십(leadership)을 갖춘 사람이라고 할 수 있습니다. 능력과 성품, 도덕성, 올바른 가치관을 가지는 리더로 스스로의 삶을 잘 세우고 다른 사람과 팀, 공동체, 나라를 살리는 저와 여러분이 되길 바랍니다.

습관을 만들고 목표를 이루는 기술

사람을 변화시키는 말의 능력

———

유익한 말은 눈에 보이지 않지만 닿은 곳엔 변화가 있습니다. 좋은 말은 나를 변화시키고 상대에게는 공감과 위로와 힘을 전달하기도 합니다. 또 스피치 능력을 통해 자신의 영역을 확장하고 연봉과 수익을 올릴 수도 있죠. 말을 통해 관계를 정립하기도 하며 사람에게 힘을 전달하고 자신의 가치도 올릴 수 있습니다. 어떻게 하느냐에 따라 말은 사람과 환경을 변화시키는 힘이 있습니다. 전능한 신은 말에 힘이 있습니다. 말로 세상을 창조하고 사람을 치유하며 구원하는 힘도 가지고 있습니다. 그리고 사람에게도 말에 능력이 있습니다. 마음을 살리기도 하고 죽이기도 하는 것이 말인데 이것을 생각하면서 어떤 말을 해야 할지 선택하면 좋을 것 같습니다. 사람을 변화시키는 말의 힘은 좋은 마음과 지혜에서 나와야합니다. 가끔 부정적이고 신세한탄을 하는 말을 할 수도 있습니다. 그런 말들은 때로 인간적이기도 해서 한번씩 할 수 있습니다. 하지만 반복해서 습관적으로 그런 말들을 하고 있지는 않은지 체크하고 자각하는 게 중요합니다. 말에 능력이 있고 말하는 대로 이루어진다는 것을 안다면 조금 더 건설적인 말을 할 것입니다.

말은 마음의 전달입니다. 말의 능력에 있어서 좋은 말을 꾸준히 하는 것도 중요하지만 굳이 하지 않아도 되는 말을 참는 것도 엄청난 능력입니다. 말을 곱게 하는 사람이 있다면 그들과 어울리고 배워야 합니다.

나 아닌 다른 사람을 존중하고 배려하는 마음부터 가질 때 해야 할 말과 상황에 어울리는 말을 할 수 있게 됩니다. 말을 순화해서 잘하는 사람을 만나고 함께 시간을 보낸다면 그만큼 상처받고 갈등할 일이 적어집니다.

말을 예쁘게 하는 사람을 만나는 것은 중요한데 그것보다 지금부터 내가 말을 잘하는 결심과 실천이 더 중요합니다. 나는 변하지 않고 그대로 인데 좋은 사람만 찾는 것은 이기적인 생각입니

습관을 만들고 목표를 이루는 기술

다. 사람과 사람사이에서 드러나는 것이 결국 성품입니다. 재능과 능력만큼 성품은 삶을 살아가면서 그 사람을 나타내는 대표적인 모습이에요.

또 상대에게 칭찬을 할 때도 너무 아부하는 말이 아닌 상대의 잠재력 속에 좋은 점을 얘기해줘서 더 나은 사람이 될 수 있도록 말로써 돕는 일을 했으면 좋겠습니다. 사람들과 얘기할 때도 좋은 농담과 유머가 있습니다. 바로 '해학(諧謔)'이라고 할 수 있는데 품위가 있는 말과 유머를 뜻합니다. '풍자(諷刺)'는 상대를 비방하고 까 내리면서 하는 농담입니다. 그에 반해 해학은 우리의 연약한 부분, 단점 등을 따뜻하게 감싸주면서 하는 때와 상황에 맞는 좋은 유머를 뜻합니다. 아주 좋은 분위기에서 한두 번 정도야 괜찮을 수 있겠지만 그래도 상대를 까 내리면서 하는 농담을 할 바에는 자신을 조금 낮추면서 하는 농담이 더 낫습니다. 누구하나 상처받지 않고 분위기를 부드럽고 화평케 하는 유머는 사람을 이해하는 관점에서 발휘 할 수 있습니다. 서양에서 황금률(golden rule)은 크게 내가 듣고 싶어 하는 말을 상대에게도 하라는 의미이고 동양의 은률(silver rule)은 내가 듣고 싶지 않은 말은 남에게도 하지 말라는 의미일 것입니다. 상대방은 어떤 말을 듣고 싶어 할까? 그리고 상대방은 어떤 말을 듣기 싫어할까? 생각하고 여러 사람을 포용하면서 상황과 분위기에 맞는 말을 해야 합니다. 물론 처음부터 잘 되지 않을 수 있습니다. 좋은 모임에 참여해보기도 하고 사람들과 대화 또는 갈등의 상황 속에서 중재하며 화평하게 하는 말솜씨를 조금씩 키울 수 있습니다.

독서를 통해 논리적으로 말할 수 있게 되고 다른 사람이 듣고 싶어 하는 좋은 말을 할 수 있게 됩니다. 무례한 사람과 상처 주는 말을 하는 사람과도 부딪치는 것이 아니라 그들을 포용하면서 따뜻한 말을 인문학적으로 할 수 있게 됩니다. 적을 만들지 않고 말을 지혜롭게 하며 결국 내 편으로 만듭니다. 내면의 상처를 치유하고 온유한 성품으로 승화되어 부드럽고 따뜻한 말을 하게 되는 것입니다.

물론 모든 것을 다 참으라는 것은 아닙니다. 피해를 입었을 땐 정당히 대응하는 것도 권리이고 계속 상대가 고쳐지지 않을 때는 상황에 맞게 대처하거나 얘기해줘야 합니다.

습관을 만들고 목표를 이루는 기술

충고는 지혜로운 사람에게,
거만한 사람에게는 부드러움으로 대하라

옳은 말이라도 공감과 위로가 먼저일 수 도 있습니다. 충고는 들을 준비와 그릇이 되었을 때 하는 것이 지혜이고 효과적입니다.

겸손한 사람에게 조언하면 그 사람의 지식이 더해지고 깊어집니다. 아직 미성숙하고 태도가 바르지 않은 거만한 사람에게 충고는 반발심으로 미움을 살 수 있습니다. 성숙한 사람일수록 충고를 잘 듣고 자신의 부족함을 깨닫습니다. 약이 되는 좋은 말은 지혜로운 사람들과 많이 나눌 때 분위기가 좋아지는데 지혜로운 사람들은 지식을 좋아하기 때문입니다. 충고를 아직 받아들이지 못하는 사람에게는 좋은 태도로 기다려주면서 때에 맞게 한번씩 하는 게 좋습니다. 특히 말은 상대방 안에 있는 좋은 잠재력을 이끌어내는 데 사용해야 합니다.

인정은 그 사람의 Character, 타고난 좋은 성품을 발견해서 말해주는 것입니다. '너의 침착한 모습에 같이 있으니까 늘 든든해.' 같은 말로 고유한 성격을 인정해주고 칭찬은 노력하고 애쓴 모습을 격려하는 것입니다. 상대의 장점을 좀 더 극대화해서 그 사람이 가장 좋은 모습이 될 수 있도록 얘기해야 합니다. 말하기와 대화의 능력을 얻고 싶다면 독서모임에 가보는 걸 추천합니다. 우선 경청하는 분위기가 조성되어 있기에 성숙한 사람들과 좋은 환경을 맞이할 수 있습니다. 배려하고 존중하는 태도가 모임에 있기 때문에 참석하는 것만으로도 회복이 되고 힘이 됩니다. 그리고 자신의 생각을 간단히 정리해서 명쾌하게 얘기하는 법을 선택한다면 독서모임도 그리 어렵지 않습니다.

저는 이런 독서모임을 정말 좋아하는 편인데 경청하고 상대를 존중하며 또 나의 좋은 생각을 말로 명쾌하게 전달할 수 있다는 점에서 힘이 나고 비전을 발견하는 모임입니다.

좋은 독서모임에 주기적으로 나오시는 분들은 인품이 훌륭하고 배울 점이 많은 분들입니다. 환경과 분위기, 사람들이 좋다면 자신 또한 변화하고 싶어지는 심리가 생깁니다. 지금도 좋은 모임에 와서 처음의 태도보다 더 좋은 모습으로 변화된 회원들이 계속 생깁니다. 단순히 성공과 성장만 위한 인맥을 중요시 하는 사람들이 있습니다. 그보다 독서모임은 내면과 외면의 성장뿐 아니라 성숙함을 동시에 도모하는 곳입니다. 인품 있는 사람들에게 배우고 자신도 품격을 갖출 수 있는 자리입니다.

습관을 만들고 목표를 이루는 기술

너무 어려워하지 말고 가까운 동네에 있는 독서모임이라도 가보는 걸 추천합니다. 지식을 배우고 대화의 의미를 발견할 수 있고 좋은 분위기로 충만한 자리가 될 것입니다. 글쓰기의 효과도 크지만 말을 통하여 꿈이 이뤄지고 목표도 달성하게 됩니다. 또 다른 사람을 좋은 사람으로 만들거나 고객의 성공도 도울 수 있습니다. 감정에 따라 극단적으로 말하기보다 조금 좋은 말을 꾸준히 하는 습관을 가진다면 일희일비 하지 않고 안 좋은 상황에도 흔들리지 않는 정신력이 단단한 사람이 될 수 있습니다.

모두 성장하는 경청과 좋은 대화법

———

어느 날 독서 모임을 간 적이 있었습니다. 모임에서 함께 얘기도 하고 돌아가면서 각 자 말도 하였습니다. 그 중에 처음부터 끝까지 말씀이 별로 없으셨던 분이 있었습니다. 마지막에 오늘 모임의 소감을 얘기하는 시간에 그분은 요즘 경청하는 훈련을 하고 있어서 말과 대화를 많이 하지 않고 듣는 것을 많이 했다고 말씀했습니다.

제가 말 잘하는 법과 대화 잘하는 방법을 익히고 배워보려고 관련된 책을 읽은 적이 있었습니다. 책의 처음부터 중간까지 계

습관을 만들고 목표를 이루는 기술

속 경청을 강조하였습니다. 또 다른 대화에 관련된 책을 읽었는데 역시 경청을 잘해야 대화를 잘 할 수 있고 인간관계가 좋아진다고 나와 있었습니다. 읽으면서 혼자 반문한 것은 나는 대화를 잘하고 싶은 데 경청만 할 것 같으면 말은 언제 하지? 라는 질문이 생겼습니다.

　제가 여러 책을 읽고 많은 모임, 독서 토론, 지인 분들과 대화 속에서 깨달은 것이 있습니다. 좋은 경청과 대화법은 우선 다른 사람이 이야기 할 때는 중간에 쉽게 개입하거나 끊지 않고 집중해서 들어주는 것입니다. 사연을 다 듣기도 전에 대답하는 것은 올바른 해답을 하기 힘듭니다. 상대가 얘기하고 맺음말이 나올 때 까지 경청합니다. 간간이 아이컨택트와 적절한 리액션, 고개를 끄덕이는 것은 공감을 표현하는 좋은 태도이죠. 그래도 가끔은 정말 좋은 아이디어가 떠올랐을 때는 개입이 될 때도 있습니다. 혹시나 더 할 말이 없는지 조금 더 기다려 주거나 여지를 주는 것도 경청하는 자세입니다. 그런 다음 나의 좋은 생각을 다른 사람이 알기 쉽도록 간결하고 명확하고 힘 있게 얘기해야 합니다. 이것이 선 순환적으로 서로 이어질 때 대화가 깔끔하고 유익함과, 끝난 후에도 피곤하지 않습니다. 대화와 모임에 시간을 보낸 사람들도 동일하게 느낄 것이고, 또 이런 대화를 나누고 싶은 생각이 들 것입니다.

좋은 대화법은 우선 상대의 이야기를 잘 경청하고, 또 나의 이야기를 알기 쉽게 간결하게 하는 것에 있습니다. 상황에 맞는 말은 분위기를 좋게 하고 정보의 전달보다 공감과 교감이 중요할 때가 있습니다. 또 명확하고 힘 있게 전달하면 대화의 퀄리티도 좋아집니다.

이 경청과 대화법은 고상한 독서모임, 토론뿐 아니라 직장에서, 학교에서, 지인 분들과 가족들과 할 때도 적용하면 동일한 효과가 나옵니다. 처음에는 익숙하지 않기 때문에 쉽지 않습니다. 그래도 의식적으로 시도하면 그때부터 새롭고 좋은 대화의 장이 열립니다. 상대에게 집중하면서 존중하고 나의 생각을 심플하게 잘 정리해서 전달 할 때 더 큰 영향을 주고 관계가 더 성숙해집니다.

습관을 만들고 목표를 이루는 기술

독서와 말하기 그리고 글쓰기
(MBTI를 뛰어넘는 진정한 분위기 메이커)

말하기는 능력을 빠르고 쉽게 나타내는 첫 번째 표현입니다. 침묵이 금이고 경청하는 것이 대화의 기술이라고는 하지만 좋은 말을 하지 않으면 능력을 나타내지 못합니다. 화자에게 있어 말하는 소재, 콘텐츠가 중요합니다. 그 메시지 본질에 힘과 가치가 있다면 듣는 이에게 깊은 울림을 주고 힘을 전달하기 때문입니다. 또한 말하는 사람의 분위기, 자세, 포스(force, 사람에게 풍기는 강력한 기운과 느껴지는 인상)도 중요합니다.

태도와 분위기가 좋으면 나를 만나는 사람의 기분도 좋아 집니다. 힘 있고 조금 빠르고 씩씩하게 말을 한다면 사실 내용이 완벽하지 않아도 좋은 기운을 전달합니다. 표정을 밝게 하거나 밝은 옷을 입어 멋을 내는 것도 부가적인 스킬입니다. 물론 모든 말을 힘 있게만 전달할 필요는 없습니다. 상황과 상대의 분위기에 따라 부드럽고 진실성 있는 호소력으로 얘기하는 것도 시의적절합니다.

자신의 가치를 올릴 수 있는 첫 번째 표현이 말하기(speech)입니다. 사업과 영업, 상품판매, 프레젠테이션, 면접, 사회에서 인간관계, 여러 모임에서 말솜씨가 탁월하다면 원하는 것을 이루고 많은 기회가 생깁니다. 좋은 것을 읽고 빠르게 정리해서 간결하고 명쾌하게 말하는 연습과 반복으로 스피치 능력을 키울 수 있습니다. 제스처와 표정, 상대와 청중과의 아이 콘택트(eye contact), 프레젠테이션의 경우 준비된 power point, 또 그림이나 글을 써가면서 이야기하면 전달력을 더욱 높일 수 있습니다.

진정한 분위기 메이커

처음 말을 잘하고 싶다면 우선쉽게 얘기하는 편을 선택 하는 것이 좋습니다. 다들 유창하고 지식을 뽐내고 싶은 자리가 있다

습관을 만들고 목표를 이루는 기술

면 오히려 반대로 쉽고 명확하고 간결하게 얘기하는 것이 더 돋보입니다. 너무 유창하게 말하려 하고 말을 잘하고 싶어 길게 이야기 하다 보면 꼬일 수 있고 내용 자체가 어렵고 산으로 갈 수도 있습니다. 그럴 때는 간결하고 힘 있게 이야기해서 명확한 느낌을 전달하면 듣는 사람도 말을 잘하는 것처럼 느낍니다.

또 너무 진지한 분위기가 많다면 적절한 유머로 무겁지 않게 하는 것도 좋습니다. 웃음은 모두가 다치지 않은 표현이자 화법입니다. 유머가 생각나지 않는다면 밝은 인상과 부드러운 미소로 얘기해도 화기애애한 분위기가 될 것입니다. 상대와 무장을 해제시키는 유머, 모두의 경직됨을 풀어주는 화술이야 말로 최고의 무기 중에 하나입니다.

보통 분위기 메이커라고 하면 텐션이 높은 아주 밝은 사람을 지칭합니다. MBTI 로 치면 E성향의 사람이 분위기를 이끌고 만든다고 생각합니다. 하지만 MBTI를 넘어, 각 개인의 내향적, 외향적 성격을 넘어 다른 사람의 기분을 좋게 하거나 깨달음을 주는 사람, 모임에서 분위기를 부드럽고 화평하게 하는 사람이 진정한 분위기 메이커입니다. 말하는 분위기, 태도, 자세를 좋게 가진다면 누구나 충분히 좋은 분위기메이커가 될 수 있습니다.

유튜브, 숏폼 영상, SNS가 유행이고 넷플릭스 등 OTT서비스 등 볼거리가 많은 시대입니다. 재미있고 간혹 유익한 영상을 전혀 안 볼 수는 없지만 영상시청에 너무 빠지거나 많은 시간을 보내면 안 됩니다. 바로 생각하는 힘인 사고력이 줄어듭니다. 예전에는 TV가 바보상자라고 표현했을 정도였죠. 영상을 전혀 안볼 수야 없겠지만 일정시간은 차단 한 채 좋은 책, 양서를 읽어야 합니다. 종이에 있는 철자를 읽는 것만으로도 두뇌는 활발히 작동해서 활성화 되고 내용까지 좋다면 깨달음으로 인해 몸 속 에 좋은 호르몬이 분비가 됩니다.

한 줄의 글이라도 감동과 힘이 있다면 뇌리에 박히고 마음에 새겨져서 누군가에게 전달 할 수 있습니다. 읽은 것을 쉽게 정리해서 다른 사람에게 말을 해야 합니다. 독서 나눔과 토론은 상대의 말을 경청하면서 성숙해집니다. 또 내 생각을 쉽고 명확하게 전달하면서 서로를 각성시키고 좋은 영향을 줍니다.

또 말하는 것은 휘발성이 있기 때문에 기록해야 오래 남습니

습관을 만들고 목표를 이루는 기술

다. 자신의 블로그에 SNS에 좋은 글을 정리해서 올려두면 다시 찾기가 쉬워집니다. 알고리즘의 도움을 받는 플랫폼 등에 올리면 콘텐츠는 검색을 통해 노출이 되고 나의 생각을 알리는 퍼스널 브랜딩의 장이 됩니다. 글에 유익함이 있고 좋은 정보를 담는다면 사람들에게 좋아요와 공감을 얻습니다. 많은 사람들에게 영향을 주고 후대에도 좋은 것을 남기는 목적이 글쓰기가 된다면 좋습니다.

양서를 읽고 생각하고 말하고 글을 쓰는 일은 자신의 정서를 각성시키고 두뇌를 발전하게 합니다. 그리고 생각한 것을 빠르게 정리하고 말하거나 글을 쓰는 것은 카타르시스(catharsis. 자신의 고뇌 등을 밖으로 표현함으로 강박을 해소시키는 일, 마음이 정화되고 쾌감을 느낌)를 느끼게 하면서 다른 사람에게도 큰 자극을 줍니다.

습관과 목표로 만드는 슈퍼멘탈

책을 읽고 정리해서 말하기와 글쓰기의 장점

1. 정리하는 능력이 좋아지고 빨라집니다.

2. 가장 중요한 핵심을 말하고 쓸 줄 알아서 능력을 인정받습니다.

3. 우선순위를 빨리 정하니까 하는 모든 일이 쉬워집니다.

4. 명쾌하게 말하고 쓰면서 자신감을 얻습니다.

5. 전달력 있는 논리적인 말을 하고 글을 잘 쓰게 됩니다.

6. 읽고 말하는 행동을 통해 두뇌를 발달시킵니다.

7. 내용을 원인과 결과에 맞춰 서술하고 주장에 맞는 근거를 제시해 의사전달을 명확하게 합니다.

습관을 만들고 목표를 이루는 기술

기록해야 오래 남는다

Chapter 4.

목표, 기회를 사는 사람

목표와 동기부여를 가지려면 자신이 원하는 목표를 구체적으로 정해야합니다. 목표를 달성하기 위해 버려야 할 것과 안 좋은 습관은 무엇인지 알고 버려야합니다. 마지막으로 지나간 실패, 상처, 성공에 취했던 것, 뒤에 것은 생각하지 않은 채 목표를 향해 달려가야 합니다. 삶을 살면서 사람들에게 수많은 유혹들이 있지만 유혹들을 이기는 가장 좋은 방법은 비전을 세우고 그 비전을 이루기 위해 작은 목표들을 매일 이루는 방법이 유혹을 이기는 가장 좋은 방법입니다.

이렇듯 목표는 이룰 때 까지 끈기를 가지게 합니다. 좋은 목표를 통해 쉽게 단념하지 않고 인내하고 견디는 힘이 길러집니다. 좋은 목표가 쌓여 비전이 되고 비전이 모여 인생의 큰 사명을 이루게 합니다. 작은 목표를 세워 달성하면 성취감과 자신감을 얻게 됩니다. 이는 다음 목표를 연속으로 도전하게 하고 성공시킬 수 있게 합니다. 습관은 작고 쉽게 하는 편을 선택하고 목표는 집중할 때 달성할 수 있습니다. 물은 잔에 담겨 있을 때 잔잔하지만 작은 구멍을 통해 강하게 분사하는 워터제트(Water Jet)는 수압만으로 유리, 고무를 가공 할 수 있고 연마재를 구멍 노즐내부에 혼합하여 분사하면 물이 금속과 같은 단단한 소재를 절단할 수 있

습관을 만들고 목표를 이루는 기술

는 위력을 가집니다. 에너지가 모이고 밀도가 커지면 큰 힘을 발휘하게 되는 것입니다. 자연광은 그 빛이 사방에 확산해버리는데 반해 레이저광은 일직선을 향해 다듬어진 빛으로 먼 거리라도 퍼지지 않고 깨끗하게 뻗어갑니다. 이와 같이 비전을 실현시키려면 힘을 모아서 산만한 것들을 정리한 채 명확하게 목표에 집중해야 합니다. 때로 그 힘이 약해지는 시기에도 큰 비전을 잊지 않고 지속하는 것이 목표 달성의 비결입니다. 떨어지는 물방울, 낙숫물이 단단한 바위를 뚫는 방법은 지속하고 날카로워지는 것입니다.

삶의 진정한 사명과 비전을 찾고 발견하세요. 목표를 생각하고 관련된 책을 읽고 자료를 찾으세요. 이룰 수 있는 환경을 만들거나 사람들을 만나세요. 더 많은 기회와 성공을 얻기 위해 시도하고(취업, 사업, 부업, 글쓰기) 필요한 것들(자격증, 실력, 인맥, 멘토와 멘티)을 얻을 수 있도록 노력해보십시오. 단단한 얼음에도 전진하는 쇄빙선처럼 미래와 삶을 개척하는 인생의 시간를 가져야합니다. 체력과 지력, 마음의 근력은 지칠 때 버티게 하고 기회가 오고 성공했을 때는 더 박차를 가할 수 있습니다. 평소 좋은 습관으로 힘을 다져 놓으세요. 자신을 살리고 다른 사람에게도 유익을 주는 삶의 변화가 극적으로 이루어질 것입니다.

시간을 아껴라
(기회를 사는 사람)

─────

Making the most of every opportunity. 시간을 아껴 쓰고 시간 관리를 잘하라는 말은 곧 기회를 잘 포착하고 잡으라는 말과 같습니다. 저는 습관인증을 하면서 매일의 목표도 기록을 했습니다. 습관은 자기관리의 영역이고 목표는 생산적인 활동으로 자신의 영역을 넓히고 영향력을 확대하게 합니다. 기회를 기다리며 준비하는 시간을 좋은 습관으로 채워야 합니다. 또 자신의 역량을 펼칠 수 있는 기회를 찾는 사람도 되어야 합니다. 기회의 장이 열렸을 때 폭발적인 능력을 나타내려면 평소 습관으로 컨디션을 만들어 놓는 게 좋습니다. 사람은 좋은 감정일 때 강한 능력을 나

습관을 만들고 목표를 이루는 기술

타냅니다. 습관을 만들고 목표를 이어서 실행한다면 효율적이고 효과적인 결과를 얻고 삶을 바꿀 수 있있습니다. 또 시간을 아껴라 는 말은 지금 해야 할 중요한 일을 하라. 는 의미입니다. 삶을 변화시키고 싶다면 아이디어를 실행해야 합니다.

목표를 세울 때 모두에게 보편적으로 가치 있는 것 그 중에서 내가 좋아하면서 잘하는 것의 교집합에 있는 것으로 세우면 좋습니다. 좋은 동기부여는 나를 흥분시키는 것이라고 했습니다. 가치 있고 좋아하고 잘하는 그것이 나를 움직이게 한다면 목표를 향해 계속 정진 할 수 있습니다.

여러분들에게 권유하고 싶은 것은 앞으로 시간이 흐르면서 점점 가치가 올라가는 것에 지금 자신의 에너지와 시간을 투자해야 한다는 것입니다. 시간이 지나 중요한 것을 하지 못한 아쉬움이 남을 수 있습니다. 제가 이런 말을 하는 이유는 우리들의 시간과 에너지는 유한하기 때문에 그렇습니다. 많이 할 수 있을 것 같지만 조금 만해도 쉽게 지치고, 집중력이 바닥납니다.

통찰(洞察)의 뜻은 '동굴을 들여 본다.' 라는 의미입니다. 동굴은 깊이 들어갈 수 록 어두운데 우리의 삶도 전체를 훤히 보고 싶지만 미래를 예상할 수 없는 막다른 상황과 같은 때가 있습니다. 진리는 내 발 앞에 등인데, 등은 발 앞만 비치게 할뿐 전체를 환하게 할 수 없습니다. 책, 고전을 읽고 이미 성공한 사람들로부터 배워 내 삶에 주어진 것들을 하나씩 실천하고 한발 한발 걸어야 가야 합니다. 어둡고 한치 앞도 못 보는 상황에도 생각하는 힘과 예민한 감각을 기르고 진리를 탐구하는 습관이 있어야 통찰력을 가질 수 있습니다. 예측할 수 없는 상황에 큰 실패를 겪지 않으려면 인문고전을 통해 사람들이 무엇을 좋아하고 어떤 상황에서 실패했는지 학습해 성공하는 통찰력을 기를 수 있습니다. 장기적으로 이익이 되고, 큰 실패를 하지 않는 안정적인 것을 꿰뚫어 보는 통찰의 힘으로 현재에 투자하십시오.

에너지와 시간이 있을 때 평소 습관처럼 좋은 것에 투자를 해야 합니다. 그 좋은 것은 여러분에게 각자의 삶에 주어지는 통찰력으로 더 좋은 것을 보고 선택해야 합니다. 재테크가 될 수 있고 지식과 지혜가 될 수 있고 육체의 건강, 정신적인 건강, 시간이 지나도 행복을 주는 것과 영적인 축복이 될 수 있습니다. 또는 공부와 인간관계가 될 수 있습니다. 사업과 일에 있어서는 부의 추월차선처럼 지금 시스템을 만들어 놓는 일을 하고 나중에 나를 위해 일해 주는 시스템으로 일의 효율을 높이고 경제적으로는 부를 만들어 미래를 대비해야 합니다.

습관을 만들고 목표를 이루는 기술

기회를 준비하는 사람, 기회를 만드는 사람

타이밍을 보고 기회를 잡는 것은 정말 중요합니다. 좋은 습관으로 준비되어 있는 사람에게는 기회가 왔을 때 준비된 능력을 발휘합니다. 반면 기회가 오지 않는 시기에도 준비가 되어 있어서 언제든 기회의 장을 만들 능력 또한 갖추게 됩니다. 저는 여러분이 기회가 오기까지 습관과 노력으로 잘 준비되어지는 사람이 되면 좋겠고 또 과정 중에 좋은 기회가 오면 적극적으로 잡는 사람도 되었으면 좋겠습니다. 또한 능력을 갖춰서 기회를 만드는 사람도 되십시오. 시간과 에너지가 유한하다고 인지하는 사람이 지금 지혜로운 선택을 합니다.

좋은 목표는 잘 세워두고 과거에 있었던 실패, 상처들과 일어나지 않는 미래의 두려움을 많이 생각하지 않은 채 목표를 향해 달려가야 합니다. 목표에 있어서는 강단 있어야 하고 쓰러지면 다시 일어나야 합니다.

목표에서 눈을 떼지 않는 것이 좋지만 지쳐서 하기 싫을 때는 큰 점을 찍듯이 이어가도 좋습니다. 큰 점들이 찍혀야 흐지부지되지 않고 긴 삶의 좋은 선으로 연결됩니다. 자기 자신의 내면에서 원하는 모습을 다시 한 번 그려보고 이룰 때 까지 지속해야 합니다. 우리의 열정이 가득한 순간은, 강한 동기부여 영상을 보았을 때 롤 모델의 사람과 함께 했을 때 큰 세미나나 수련회 때 연초 처음 습관과 목표를 세웠을 때입니다. 사람들이 목표를 잘 세우고 습관을 잘 하는 시기는 매년 연초, 매달 월초, 매주 월요일입니다. 흐지부지 되었다면 이 시기를 잘 노려서 시작하면 됩니다. 열정의 도파민은 쉬지 않고 계속 나올 수 가 없습니다. 우리는 기계가 아니라 사람이어서 동기부여는 강하게 생기다가도 언젠가식어 다시 도파민이 나오기 까지 수용 체는 쉬어줘야 합니다. 그렇기 때문에 기복이 있는 열정에 큰 영향을 주지 않도록 적절한 목표를 세워 지속시키는 것이 중요합니다.

습관을 만들고 목표를 이루는 기술

목표 설정법

———

유능하고 목표 중심적으로 사는 사람은 지나간 일에 연연하지 않고 목표달성에서 오는 보상과 사명을 위해 달려가는 사람입니다. 지나간 실패로 낙담해 있지 않고 한번 좋았던 일에 일희일비 하지 않습니다.

자신이 원하는 소기의 좋은 목표를 세우는 것은 의미 있는 일입니다. 처음에 원대한 목표를 생각하고 계획 할 때 설레 이기도 하지만 막상 첫발을 내딛고 시작할 때 큰 에너지가 쓰입니다. 과정을 해나가면서 무겁고 큰 목표로 다음 일을 진행하기가 어려워 쉽게 포기하여 작심삼일이 될 가능성이 큽니다.

반면 너무 쉬운 목표는 재미가 없을 수 있고 성취감도 적으며 큰 성과를 기대하기 어렵습니다. 1부터 10까지의 목표 수준의 단계가 있다면 6~7 정도의 목표를 세워 조금의 긴장과 노력이 투여되어 좋은 성과를 낼 수 있는 목표를 세우는 것이 건강합니다. 그리고 목표를 달성 할 확률도 높습니다. 그리고 6~7정도의 목표는 적정량의 에너지를 쓰게 하고 달성하고 났을 때도 탈진보다는 성취감이라는 도파민이 생성됩니다. 우리가 도파민을 쾌락보다는 좋은 목표를 달성할 때 써야 하는 이유입니다.

자극이 되는 적절한 스트레스의 힘

큰 목표는 부담이 되어 시작조차 못하고 미루게 하거나 스트레스 해소를 하는 곳으로 회피하게 합니다. 과정 중에 적절한 스트레스는 도전과 자극이 되기도 하고 두뇌를 활성화 하고 육체를 움직이게 해서 우리를 깨어 있는 각성 상태로 만들어 줍니다. 이는 곧 실행하는 능력을 높인다는 이야기가 됩니다.

너무 큰 목표는 극심한 스트레스를 주어 도전조차 못하게 할수 있지만 적절한 단기 목표는 변화를 만들어내고 성장하게도

습관을 만들고 목표를 이루는 기술

하는데 적절한 스트레스의 힘이라고 할 수 있습니다.

스트레스와 압박이 없는 평안한 환경을 원하지만 자칫 도태될 수 있습니다. 큰 스트레스와 작은 스트레스 사이의 균형을 찾아서 달성할 수 있는 목표를 세우고 그것을 이루어가는 성장하는 삶을 살아가도록 해보세요. 때로 문제가 변화의 출발입니다. 문제를 해결하면 더 나은 삶이 되고 과정 중에 성장하게 되는 것입니다. 역경과 어려움은 변장된 축복이라는 말이 있습니다. 풍파가 느껴지는 그 순간이 괴롭지만 잘 이겨내고 감당하는 만큼 훗날 그 누구도, AI마저도 대체 할 수 없는 소중하고 아름다운 삶의 풍경이 됩니다.

제가 많은 사람들 앞에서 발표를 한 적이 있었습니다. 발표할 내용이 이미 머릿속에 그려져 자신감이 있어 쉽게 할 줄 알았는데 1,000명 이상 앞에서 발표를 앞두고 막상 긴장이 되었습니다. 하지만 미리 생각한 발표할 내용을 원고를 적는 과정이 즐거움과 도전이 되었고 적절한 압박감은 발표의 기대를 가지게 해주었습니다. 반복된 시뮬레이션 연습과 수정과 개선작업을 하며 느낀 적절한 스트레스는 오히려 부족한 부분을 메우는데 도움이 되었습니다. 다행히 발표는 청중들에게 잘 전달되었고 듣는 이들의 피드백도 좋아서 성공적이었습니다.

이렇듯 무대에서 공연하는 예술가나 운동선수, 강연 가들이 좋은 퍼포먼스를 내는 이유는 스트레스와 압박감이 있는 상황 속에도 성공을 구체화하고 적절한 자극을 잘 이용하기 때문입니다. 압박감 속에서도 목표를 잃지 않고 비전을 믿습니다. 할 수 있는 최대한의 효율로 얻을 수 있는 최고의 성과를 내려할 때 결과마저 결국 갱신합니다. 조금 높은 정도의 목표 설정과 적절한 스트레스가 타성에 젖지 않고 한계를 넘어 한 단계 도약하게 합니다.

달성할 수 있을 정도의 목표를 성공시키는 것도 중요합니다. 성공을 통해 성취감과 자신감을 얻고 다음 스텝을 밟고 한 단계 도약할 수 있기 때문입니다. 경영학에서는 기업의 목적을 이윤추구라고도 합니다. 이윤이 있어야 기업을 관리, 사업을 이어갈 수 있기 때문이죠. 노력은 많이 했지만 성과나 결과가 나오지 않을 때 허탈하고 탈진하게 되어 동력을 잃습니다. 반면에 별다른 노력 없이 이익을 얻으려 한다면 요행만 바라기 쉽고 노력보다 성과가 계속 크다면 쉽게 교만할 수 있습니다. 성공가도를 계속 달리던 사람이 자만해서 나락으로 떨어지는 경우가 그 예입니다. 달성할 수 있을 정도의 적절한 목표를 세우는 것이 연승을 하는 전략이자 비결입니다.

습관을 만들고 목표를 이루는 기술

비전은 크게 목표는 눈앞에
(사명, 비전, 목표)

———

인생 사명은 삶을 살면서 평생 이루어야 할 원대한 한가지입니다. 비유를 하면 큰 산의 정상을 사명이라고 할 수 있습니다. 비전이라는 것은 원대한 사명을 이루기 위한 방법들과 산 정상에 오르는 여러 코스를 말합니다. 예를 들어 저의 사명은 나 자신을 건강하게 하고 사람들에게 도전과 영향력을 주는 삶을 사는 것이 인생의 큰 사명입니다. 그 사명을 이루기 위해 책을 쓰는 작가가 되는 것, 강사가 되는 것, 사업을 잘 하는 사업가가 되는 것 인플루언서가 되는 것들이 사명보다는 작은 비전들입니다. 또 이런 비전을 작게 나눠서 소책자인 전자책 만들기 그리고 종이 책을 쓰고 블로그, SNS에 글과 콘텐츠를 계속 지속적으로 등록하고 노하우를 강의, 강연 하는 것들이 비전보다 더 작은 목표입니다.

이 작은 목표들을 성공시켜 비전이 달성되고 비전들이 모여 인생의 큰 사명이 이뤄지는 것 입니다. 인생 전반에 걸쳐 이룰 사명이라는 산 정상을 오르기 위해 산 중앙까지 차로 가거나 조금 평탄한 둘레 길로 가는 코스, 험난하지만 빨리 올라갈 수 있는 지름길로 가는 코스, 이 모든 과정들이 비전 성취의 과정이라고 할 수 있습니다. 다양하고 효과적인 코스들과 방법을 선택하여 자신의 인생사명을 이루도록 해보세요. 가치 있는 사명을 정하고 선언해보세요. 사명을 이루기 위해 큰 비전들을 생각해보세요. 비전을 이루기 위한 오늘, 한 주, 한 달 기간으로 할 수 있는 목표를 정해보세요.

비행기 기내에 산소가 떨어지면 저절로 산소마스크가 위쪽에서 아래로 내려옵니다. 산소마스크는 성인이 먼저 착용한 다음 어린아이에게 착용하고 도움이 필요한 분들을 도와주어야 합니다. 아이부터 착용시켜 주다가 어른이 산소부족으로 쓰러지면 보호자와 문제를 해결할 사람의 부재로 더 큰 문제를 일으킬 수 있기 때문입니다. 이는 항공기 안전 안내 방송에도 나옵니다.

습관을 만들고 목표를 이루는 기술

위의 글은 특히 저의 인생사명에 영향이 되는 글이기도 합니다. 즉, 자신을 건강하게 해서 다른 사람의 마음을 살리고 영향력을 주는 것이 저의 사명입니다. 사명은 시간이 걸리는 것이라서 크고 원대하고 가치 있어야 합니다. 그 사명을 이루는 비전들은 사명보다는 작고 장, 단기에 이루어지는 것이어야 합니다. 그리고 비전을 이루어 가면서 더 좋은 결과를 낳기 위해서 개선하고 수정하는 일이 있을 수 있습니다. 또는 비전이 이뤄지지 않는 실패도 경험할 수 있다. 비전의 방향이 잘못되고 효율적이지 않고 효과적이지 않다면 그 비전을 무조건 고수할 필요가 없습니다. 잘 못된 산을 힘겹게 올라가는 것이 아니라 등반 목표를 세운 산 정상으로 궤도를 수정해야 하기 때문입니다.

처음 시작할 때 미세하게 틀린 각도는 시간이 갈수록 그 격차가 크게 벌어져서 삶은 속도보다 방향이 중요하다고 합니다. 자신의 신념과 뚝심으로 나아가는 것도 있어야합니다. 그리고 늘 끊임없이 배워 바른 길을 가고 있는지 혹 길을 이탈하지 않는지 점검을 병행해야 합니다. 현재와 미래의 트렌드를 보고 자신의 비전에 관련된 책을 많이 읽어야 하며, 멘토에게 조언을 구하는 것도 좋은 방법입니다

분야는 다르지만 생각과 지식의 폭을 확장할 수 있는 책과 정

보도 곁들여 습득해야 합니다. 자연의 섭리와 동물의 기능을 통해 기술에 접목하는 것들이 있습니다. 해외의 초고속 열차 앞부분이 물총새의 부리를 보고 디자인한 후 속도는 더 빨라지고 에너지는 줄이며 터널을 통과할 때 피해를 주던 소음과 굉음도 없어졌습니다. 인문학을 공학에 접목해 사람에게 편리한 기술을 적용해주는데 다양한 독서와 관찰로 아이디어를 연결 지을 수 있습니다. 또 앞서 자기 분야에 성공한 사람들을 만나려는 시도도 있어야 합니다. 책에서 느끼고 공감 할 수 없는 부분을 직접 사람을 만나면서 느낄 수 있습니다. 또한 평소 다양하게 독서를 하는 사람들이 있다면 책 추천을 받아보세요. 책을 찾는 시간과 에너지를 줄여 줄 것입니다.

사명이 제일 크고 그 사명을 이루기 위해 성취해야 할 것들이 비전입니다. 그리고 그 비전을 이루기 위해 단기적인 목표들을 작게 세워 이루면 좋습니다. 크기순으로 보면 다음과 같습니다.

사명〉비전〉목표

인생의 사명은 커야 하지만 목표는 단기적으로 성공시킬 수 있는 크기여야 합니다. 작게 나누는 것이 능력이고 오늘 할 수 있는

습관을 만들고 목표를 이루는 기술

작은 목표를 세우는 것이 지혜롭습니다. Chapter 4_2. 목표 설정법에서 얘기했지만 너무 큰 계획은 부담감으로 시작하기 힘들고 반면에 너무 쉬운 것은 지루하고 성취감도 적습니다. 1부터 10까지의 목표의 크기에서 6~7정도의 목표 강도를 설정해서 도전할 때 적당한 긴장감으로 하고 이뤄 냈을 때의 자신감과 성취감도 고양(정신이나 기분이 북돋아 지는 것) 됩니다.

너무 크고 이루기 힘든 목표는 이상과 현실의 거리가 커서 쉽게 지치고 포기할 수 있습니다. 부담감으로 시도도 못하는 경우도 있습니다. 좋은 책을 많이 읽으시죠? 책의 내용이 때로 이상적이어서 현실과의 거리가 많다하더라도 내게 필요한 지식과 내용을 오늘의 삶에 적용, 실천해서 목표를 이뤄 많은 기회가 열리길 바랍니다.

'지행합일(知行合一) 참된 지식은 반드시 실행되어야 한다.'
책의 좋은 내용, 참된 지식을 실행하기 위해서 나의 삶에 적용해야 할 하나의 지식부터 실행해야 합니다. 그 목표를 작게 나누도록 하는데 하루에 이룰 수 있는 목표, A4 용지 반 장 글쓰기, 인터넷 강의 한 편 듣기, 블로그 포스팅 한 개 완료하기, 숏폼 영상 제작하기, 산책, 10분 운동하기, 자격증 공부 50분하기 등과 같은 구체적인 목표를 세우는 것이 좋습니다. 하루 단위에 이어 1주일 단위, 한 달 단위로 이룰 수 있는 목표가 지속 가능한 목표가 될 것입니다. 자신이 특히 잘 하는 것을 목표로 두고 이뤄간다면 전문성이 갖춰지고 남들과 다른 경쟁력을 가질 수 있습니다.

계획과 아이디어를 실현시키는데 생각을 모아서 한 단계씩 목표에 집중하면 성과마저 탁월해집니다. 목표에 몰입하면 과정 속에서 즐거움을 느끼고 결국 일을 끝낼 때 결과도 좋습니다. 따뜻한 햇볕을 한 점에 집중시키면 물체에 열을 발생시킬 수 있듯 많은 생각을 정리한 채 우선해야 할 것 하나를 실천해야 합니다. 목표는 집중하고 아이디어를 실행했을 때 성공하고 결과도 좋습니다.

말과 생각이 많은 사람보다 실천하는 사람이 삶을 극적으로 변화시킵니다. 목표에 초점을 맞추면 생각 하게 되고 집중의 산물로 아이디어가 생깁니다. 특히 아이디어는 몰입할 때도 나타나지만, 특히 편안한 상태 산책, 명상, 기도, 독서, 일상 중에 잘 나오는데 아이디어는 즉시 메모해야 합니다. 잊어먹지 않기 위함이기도 하지만 적고 기록하면 실행 가능성이 훨씬 높아집니다. 저도 아이디어가 떠오르면 적고 오늘 할 수 있는 것이면 행동하면서 실행력을 높였습니다. 1년의 목표는 크게 잡아도 매일의 목표는 실

습관을 만들고 목표를 이루는 기술

현 가능한 정도의 크기로 적어보세요. 실행하고 끝냈을 때 보람을 얻고 좋은 결과가 나왔을 때 성취감과 자신감을 얻어서 지속하며 발전하게 될 것입니다.

목표의 중요성,
도파민 사용법

———

우리가 즐거움을 느끼거나 놀이를 할 때 또 쾌락을 느낄 때는 알다시피 도파민과 세로토닌과 같은 호르몬이 나오게 됩니다. 물론 즐기고 즐거움을 만끽 하는 것도 삶의 한 부분이고 그렇게 해도 괜찮습니다. 하지만 즐거움과 쾌락을 따라가다 보면 더 자극적이고 만족시켜주는 것을 찾게 되는데 술, 도박, 향락, 유흥, 불법적인 마약과 같은 약물이 될 수도 있습니다. 조금 극단적으로 말했습니다만 자극적인 것을 찾고 그것에서 쾌락을 느끼며 도파민, 엔도르핀을 다 사용해버리면 점점 탈진하게 됩니다. 도파민

습관을 만들고 목표를 이루는 기술

이 생성되는 도파민 수용체가 더 이상 자극에 반응하지 못해 얼마간 도파민을 생성하지 못하기 때문입니다. 사람을 탈진하게 만들고 무기력과 우울증도 유발시킵니다. 한 동안은 안 좋은 쾌락적인 자극적인 것을 줄이고 좋은 습관을 지속한다면 또 회복이 됩니다. 어느 뇌 과학 교수님은 도파민을 보호하려면 한 달간 유투브, 인스타그램, 숏폼 영상 등을 끊으면 된다고 합니다.

하지만 스마트 폰과 인터넷을 자주 접할 수밖에 없는 현대인의 삶에 위의 것을 오랫동안 완전 차단 할 수 없다면 하루에 몇 십 분이라도 지혜롭게 차단하는 시간을 지속적으로 가져야 합니다. 좋은 습관들은 사실 자극적이지는 않습니다. 독서, 자연 속에서 산책, 명상, 기도와 같은 습관은 자극적이고 화려하기보다 잔잔하고 느리고 조금 심심할 정도 입니다. 하지만 그런 좋은 습관이 장기적으로 안정감을 선사하고 우리를 회복하게 하며 지속할수록 삶에 참된 행복감을 가져다줍니다.

목표는 이루기 위해서는 좋아하는 것을 포기한 채 하기 싫은 노력을 선택해야 해서 힘이 듭니다. 하지만 좋은 목표를 이루는 노력 하는 과정 중에 또 달성했을 때 좋은 호르몬인 도파민과 세로토닌, 엔도르핀 등이 우리를 위해 생성 됩니다. 몸속의 좋은 호르몬들을 단순히 즐거움과 쾌락만을 위해서가 아닌 목표달성을 위한 원동력으로 사용하면 더 좋지 않을까요?

　과정이 조금 힘들겠지만 결국 목표를 이루게 되면 무엇과도 바꿀 수 없는 짜릿한 성취감을 통해 쾌락과는 비교할 수 없는 기쁨과 유익을 얻게 됩니다. 자신뿐 아니라 주위 사람들의 축하와 인정을 받는데 무엇과도, 돈으로도 바꿀 수 없는 기쁨입니다. 우선 단기간 이룰 수 있는 목표를 세우고 실행해보세요. 성과를 계획하고 이뤄냈을 때 자신감은 물론 자기 효능 감이 높아집니다. 정서와 육체, 경제적인 면에서 풍요로워져요. 또 인간관계에서 화평이 있고 자신의 삶을 잘 경영할 것입니다. 두뇌의 전두엽은 생각을 하고 지혜를 나타내는 부분입니다. 태어나 자라면서 성인이 되면 경우 이 지적인 전두엽도 성장하고 발달하여 효율적인 것을 생각합니다. 안타깝게 습관과 목표계획에 있어 자꾸 미루는 생각을 하게 됩니다. 그에 반해 자라고 있는 아이의 경우 아직 전두엽이 발달하지 않아 뭐든지 빨리 익히게 됩니다. 부모님이 하는 말을 어눌하지만 빨리 말해본다든지 간단한 동작들은 쉽게 따라 해보는 것입니다. 많은 부모님들이 아이에게 조기교육과 어렸을 때부터 외국어 공부를 시키려 하는 이유입니다. 그렇기 때문에 언어도 빨리 배우고 부모님이 하는 작은 소소한 행동들도 관찰하고 따라 하게 되는 것입니다. 그렇기에 성인의 경우 전두

　　　　　　　습관을 만들고 목표를 이루는 기술

엽이 발달했으니 습관을 시작할 때는 되도록이면 작게 해야 합니다. 목표도 마찬가지입니다. 사명은 크게, 비전은 일정기간을 두면서 이루어가고 그 비전을 이루기 위해 목표들을 작게 나누어 꾸준히 이뤄가야 합니다.

습관으로 훈련된 사람은 목표달성도 잘한다

습관으로 훈련된 사람은 작은 목표도 우선 시작하면 지속하게 됩니다. 자동차가 처음에는 큰 엔진동력으로 출발하지만 속도가 붙으면 둥근 바퀴로 탄력주행 하듯이 시작한 목표는 빨리 집중력을 갖추고 노력하는 과정을 즐기게 됩니다. 그것보다 더 효율을 찾고자 한다면 가장 하고 싶은 목표 한 가지부터 시작하면 좋습니다. 좋은 동기부여는 한편으로 자신이 흥분 되는 일을 찾아서 하는 것입니다. 가장 좋아하고 하고 싶은 것을 시작할 때 강한 동기부여가 됩니다.

자기 개발은 개인이 가지고 있는 재능, 특기 등을 연습하고 훈련하여 더 탁월하게 만드는 작업입니다. 재능을 발전시키는 연습을 통해 개발할 수 있습니다. 한 가지 목표에 먼저 몰입하면 건강해지고 결과가 탁월합니다. 그리고 일상의 작은 목표들을 시간을 분배해 시도해볼 수 있습니다. 저의 경우 몇 가지 주제의 PDF 전자책 그리고 종이 책 쓰기와 자기계발에 관련된 콘텐츠 제작, 운동, 한 가지 간단한 악기연주 등이 예시입니다. 몇 가지 목표를 분배하고 조금씩 시간을 투자하거나 기한을 정해 시도합니다.

하지만 여러 가지를 동시에 하려니 집중력이 분산되고 에너지가 금방 닳는 경우가 많이 있습니다. 가장 동기부여가 되는 큰 목표 하나에 먼저 집중하면 큰 성과를 먼저 얻을 수 있습니다. 또 작은 목표들은 각 목표마다 시간을 작게 나눠서 거창하고 길게 하는 것이 아니라 짧게 하고 완벽하지 않아도 약간의 퀼리티만 갖추어서 합니다. 일과 중 할 수 있는 목표는 다음과 같이 10분 글쓰기, 5분 영상편집, 블로그 1포스팅, 헬스하면서 외국어 강의 듣기, 계단으로 올라가보기, 쉬운 기타코드 노래 연습 해보기, 5분 자격증공부등과 같은 예시로 작게 나누어서 합니다.

하고 싶은 일과 해야 하는 일

의지력이 작은 제 자신이지만 자기계발과 자기개발의 습관을 좋아하는 편이라 힘이 들어도 저 같은 경우는 이렇게도 이어나 갑니다. 하지만 처음 목표를 가지고 습관을 들이는 분이라면 목

습관을 만들고 목표를 이루는 기술

표의 개수와 양을 줄이는 것이 성과적인 측면에서도 좋고 더욱 효율적입니다.

좋아하는 일과 해야만 하는 일을 두고 인생의 방향에 있어 고민할 때가 있습니다. 하기 싫어도 돈이 된다는 이유로 억지로 해야 할 때도 있습니다. 좋아하는 일도 잘해야 영향력을 발휘 할 수 있고 그것이 수익을 가져 다 주는 비즈니스 모델과 직업이 될 것입니다. 습관을 갖추고 목표를 이루면 하고 싶은 일로 돈과 영향력을 발휘 할 기회와 가능성은 높아집니다.

결국 성공하게 되는 목표달성 루틴

―――

루틴: (routine) 컴퓨터 프로그램의 일부로서 특정한 일을 실행하기 위한 일련의 명령. 운동선수나 사람들이 좋은 기량과 결과를 내기 위해 반복적으로 행하는 연습과 습관을 말합니다.

루틴은 성과를 내기 위한 반복적인 사전 행동으로 감정에 상관없이 지속하게 합니다. 마음이 내키지 않는 상태에도 일단 시작하게 만들고 끝까지 해낼 수 있게 하는 목표를 성공시키는 기술입니다. 특히 이 루틴은 특정 시간이나 신호가 있을 때 반복해서 하면 좋습니다. 각 분야 전문가들은 성공한 기억을 바탕으로 규

습관을 만들고 목표를 이루는 기술

칙적으로 이러한 행동을 합니다. 꾸준한 실력과 탁월한 능력을 내기 위해 좋은 루틴을 반복합니다.

좋은 결과를 지속적으로 내는 사람들은 자신만의 패턴을 가집니다. 일정한 시간에 계속 실행해 하고 싶을 때 뿐 아니라 감정에 상관없이 평소에도 루틴을 지켜 해냅니다.

특정한 시간 또는 일상의 신호가 있는 후에 하는 것이 좋습니다. 저는 잠을 자고 눈을 떴을 때 저의 루틴이 시작됩니다. 아침의 알람 소리가 신호이기도 하죠. 성경 읽기, Q.T, 기도, 잠깐의 운동, 독서, 복식 호흡, 감사일기, 오늘 할일 2가지 적기 등이 저의 루틴들입니다. 이 습관은 그날의 하루를 활발하고 생기 있게 살게 하는 루틴이 됩니다. 그리고 오전 근무 전에 혹은 저녁에 글쓰기를 합니다. 전자책 또는 블로그 글, SNS의 짧은 글, 숏폼 영상 제작, 콘텐츠 만들기 등의 생산적인 활동을 통틀어 글쓰기라 명하며 루틴을 통해서도 글쓰기의 결과물을 만들고 있습니다.

글쓰기를 목표로 하고 매일 생산적인 실행에 투여한 시간을 다음날 습관 인증 단톡 방에 적어 다른 사람도 보도록 인증했습니다. 나를 살리고 건강하게 하면서 다른 사람 마음도 살리는 사명을 이루기 위해 정보와 영향력, 깨달음이 있는 좋은 글을 쓰는 것이 저의 목표가 되었습니다.

저의 글 쓰는 습관은 1년 8개월 정도의 기간에 다양한 주제의 글들 마케팅, 온라인사업, 자기계발, 습관, 스피치, 글쓰기 등으로 13권 이상의 전자책 결과물을 만들게 해주었습니다. 눈을 뜨고 일어났을 때 바로 즉시 실행하는 습관이 저의 목표달성의 근간이 되었습니다. 이렇게 하면 일정하거나 특정한 시간, 즉 저의경우는 자고 일어나는 기상시간에 루틴을 지속할 수 있는 것입니다. 물론 습관과 루틴을 하기 위해 평소 일어나는 시간보다 30분 정도 일찍 루틴을 하는 시간을 확보해 놓고 실행했습니다.

일상 속에서 기상이후, 식사 이후, 화장실을 다녀온 후 와 같이 특정한 일후에 하면 기억하기 쉽습니다. 완료하면 잠시 쉬어주어거나 칭찬 등 스스로의 보상을 통해 동기를 강화하는 것도 좋은 방법입니다.

특별히 일정한 시간에 꾸준히 해 볼 수 있기를 권유합니다. 이렇게 하면 흐지부지 되지 않고 어떤 목표이든 간에 지속하고 해낼 수 있게 합니다. 오전 10시가 되면 할 수 있는 작은 루틴이나 저처럼 아침 시간에 할 수 있는 루틴, 저녁 휴식을 취하고 밤 9시 30분에 할 수 있는 루틴중 하나를 설정해 놓으면 좋습니다.

특히 이른 아침시간에 하면 좋은 것은 사실입니다. 아침 일찍 일어나는 것이 현대인에게 힘든 숙제 같고 잠을 완전히 깨는 것

습관을 만들고 목표를 이루는 기술

조차 여간 힘든 일이 아닐 수 없습니다. 그럼에도 수많은 책과 여전히 미라클 모닝을 추천하고 그 효과와 우수성을 얘기하며 입증하고 있습니다. 잠을 자고 일찍 일어나 하는 습관의 유익이라면 에너지가 충만하고 방해받지 않는 시간에 몰입 할 수 있는 점입니다. 아침에는 습관, 저녁엔 생산적인 활동을 할 수 있고 반대로 숙제를 끝내듯 생산적인 활동을 먼저 할 수 있습니다. 혹시 여러분 중에 라이프스타일이 미라클 모닝을 할 수 없으신 분들이 있다면, 저녁과 밤 늦은 시간까지 일 하시는 분이라면 오전에 일어나든 오후에 일어나든 상관이 없습니다. 평소 기상시간보다 조금 더 이른 시간을 활용해 원하는 삶을 현실로 만들기 위한 반복된 노력의 루틴이 목표달성을 앞당깁니다.

언행을 함께하는 목표달성

우리가 말과 행동을 잘하는 사람이길 바랍니다. 좋은 말을 하는 사람인 동시에 행동하는 사람도 되어야 합니다. 말에 능력이 있다고 믿는 사람은 긍정확언을 합니다. 말하는 대로 이루어지기 때문입니다. 가장 믿을 수 있는 확언은 스스로 확언한대로 삶에서 실현하는 것입니다. 그것이 강력한 메시지가 되고 스토리텔링이 됩니다. 좋은 말을 실천해내는 사람은 자신의 목표도 이루지만 다른 사람들에게 신뢰감을 줍니다. 말과 행동이 일치하는 것은 진정성과 정직함을 보여주는 표현방식입니다. 유능한 직장인, 성공한 사업가, 인플루언서가 되려면 능력과 함께 신뢰감을 갖춰야 합니다. 능력은 혼자서도 개발할 수 있지만 사람들의 마음까지 사는 일은 진정성이 없이는 쉽지 않습니다. 성공가도를 갈 수 있는 중요한 요소가 되는데 확신 있는 말과 함께 행동하는 사람은 능력도 갖추고 신뢰감이라는 엄청난 자산을 가지게 됩니다.

실력이 쌓이는 좋은 절제

저는 습관을 처음 할 때 힘들고 귀찮을 때는 하루 이틀 더 쉬기도 하였습니다. 앞서 말하였던 것 같이 며칠 더 쉬어도 혼자 하기 때문에 당장은 큰 티가 나지 않습니다. 장기간 안 하게 된다면 정서적으로 육체적으로 삶의 결과물에도 안 좋은 결과를 낳고 다른 사람들도 느끼게 됩니다. 노력으로 성공한 사람들은 술, 유흥, 안 좋은 쾌락을 절제한다고 합니다. 그렇게 절제 하며 사는 것이 재미없고 답답해 보이지만 절제 뒤에 오는 보상과 성취감의 기쁨이 무엇보다 크다는 것을 경험했기 때문에 가능한 일입니다.

습관을 만들고 목표를 이루는 기술

새벽 일찍 조깅을 열심히 하시는 분들을 봅니다. 쌀쌀한 날씨에도 아 침달리기를 하시는 분들은 러너스하이(달리거나 유산소운동을 하면서 발생하는 신체적 행복감)를 경험하고 활력 있는 삶까지 체험해서 이른 시간에 날씨에 상관없이 조깅을 하시는 겁니다. 저 또한 아직 부족 하긴 하지만 습관과 작은 목표를 매일 하고 이루면서 살다 보니 절제력이나 자기관리력이 계속 더 생기는 것 같습니다.

1년 동안 야식을 안 먹어보고 어느 한 주는 커피를 한잔도 안 마셔보기도 했습니다. 카페인 의존도가 줄어들었고 야식을 안 먹었더니 불필요한 살이 빠지고 전체적인 정서, 마음, 육체의 컨디션이 좋아지는 것을 느꼈습니다. 그래도 밤에 먹고 싶을 때가 있죠. 그런데 다음날 좋은 컨디션으로 있는 저의 모습과 삶에 기대와 소망이 있으니 적절히 절제되었습니다.

절제를 하는 또 하나의 이유는 중요한 순간에 좋은 능력을 나타내기 위해 특별히 준비하는 면이 있습니다. 무의식 적 능력. 몰아일체를 경험하고 피곤하지 않고 물 흐르듯이 능력을 나타내려면 평소 습관과 함께 좋은 식습관을 가져야 합니다. 장을 편하고 건강하게 하는 음식, 작지만 에너지를 발생하게 하는 견과류와 같은 슈퍼 푸드, 적절한 단백질 등을 섭취해야 합니다. 자율신경계를 더 좋고 편하게 만들어 주는 작업이 필요합니다. 단기간의 성과를 내려고 식사도 거른 채 무리해서 노력하는 것 보다 때에 맞게 식사를 챙겨 먹고 좋은 식습관을 통해 몸을 최적화 해주는 것이 오히려 더 폭발적인 능력을 발휘합니다. 바로 두뇌가 기억하고 몸과 멘탈에 습관이 자연스럽고 깊게 새겨지기 때문입니다.

저는 습관을 완벽하게 하기보다 효율적으로 영리하게 하는 것이 좋다고 생각합니다. 습관을 형성해서 좋은 컨디션을 유지하면서 목표를 이뤄가는 삶을 살고 있습니다. 감정의 기복이 심하면 나 스스로를 컨트롤하기 힘들지만 나를 대하는 사람들도 불편해합니다. 기복이 있다는 것이 자연스러운 사람의 상태이만 안 좋은 기복의 큰 폭은 줄일 필요가 있습니다. 대체적으로 좋은 컨디션을 유지할 때 많은 힘을 들이지 않고도 큰 능력을 나타내기 때문입니다. 처음에는 우리가 습관의 시스템을 만들지만 나중에는 좋은 시스템이 좋은 우리를 만듭니다. 완벽하게 살자는 것이 아닌 조금씩 습관을 들여 나중에 좋은 결과를 얻는 것이 낫습니다.

습관을 만들고 목표를 이루는 기술

목표달성을 위한 의지와 환경설정

저의 경우 글쓰기를 하루 목표중의 하나로 세워 놓습니다. 짧게는 하루 글쓰기 10분 길게는 하루 글쓰기 40분 정도입니다. 2~3시간씩 아이디어가 샘솟고 집중하고 몰입할 수 있을 때는 그렇게 하면 단번에 많은 양을 해낼 수 있지만 본업을 해야 하고 이외 다른 일과들도 해야 하기 때문에 작은 양이지만 하루씩 글쓰기 양을 배분합니다.

또 자격증 취득을 목표로 세웠다면 어느 날 2~3시간을 집중력 있게 공부하면 좋지만 하루 1~2페이지 교재 공부 또는 예습, 복습을 꾸준히 한다면 느릴 수 있지만 기초가 탄탄해지고 쉽게 잊어 먹지 않게 됩니다.

외국어 공부도 마찬가지로 반복하고 잊어 먹기 전에 다시 듣고 말해보는 것입니다. 일시적인 학습을 하고 얼마간 쉬어버리면 잊어버려서 다시 처음부터 공부해야 합니다. 하루 5분이라도 꾸준히 하는 것이 느린 것 같지만 목표 달성에는 더 빠릅니다.

목표를 크게 세운다면 사람의 의지력에는 한계가 있어 수행하는 과정에서도 에너지가 금방 방전될 수 있습니다. 할 수 있는 기간과 분량을 설정하고 작고 부담이 없이 시작하도록 해보세요.

처음 시작을 책 한 권 쓰기 보다는 오늘 10줄글쓰기, 10분 글쓰기, 한 단락 완성하기 정도로 해보세요. 물론 한 단락을 완성하고 추가로 더 해도 좋습니다. 좋아하는 목표는 일단 시작하면 탄력이 붙고 빠르게 몰입할 수 있습니다. 또 습관을 형성하고 작은 목표도 자주 이루는 사람은 노력할 때마다 저항도 점차 작게 느끼게 됩니다.

물이나 공기의 저항을 최소화하기 위해서 앞부분을 유선형 모양으로 배나 비행기, 자동차를 설계하면 고속주행 시 훨씬 안정적입니다. 저는 독서모임과 글쓰기 모임을 통해 통찰력을 얻고 몰입하고 회복(recovery and healing)도 합니다. 목표를 이루는 것도 훈련이 되면 방해하는 요소를 점차 줄이고 좋은 환경은 더 많이 설정합니다. 모나 있는 저항을 줄여 빠르고 효율적으로 성취하기 때문입니다.

비전은 크게 갖되 단기로 성공해야 하는 목표는 달성 가능한 정도의 크기로 설정해보세요. 목표를 이루는 유익은 각자마다 다르겠지만 (시험에 합격하고 체력을 키우고 자격증을 취득하며, 직장에서 승진하고 원하는 회사에 취직을 하고 사업으로 큰돈을 버는 일등은) 그 목표를 이룬 사람에게 성취감과 기쁨을 줍니다. 추진력을 가졌을 때 전력을 가해야 합니다. 나중에 해도 되겠지. 라는 생각

습관을 만들고 목표를 이루는 기술

은 추진력을 약하게 만들어 결국 목표를 잃게 만듭니다. 목표를 실행하려면 환경에 상관없는 마음과 영향을 받는 환경설정 두 가지가 있어야합니다. 첫째는 어떤 환경에도 할 수 있는 자신의 의지가 먼저 있어야 합니다. 의지는 마음과 생각에서 발현 되는데 마음이 쳐져 있으면 안 됩니다. 생명력의 원천은 마음에서 나오는 것을 기억하세요.

그래서 모든 일을 잘하기 위해서 활력 있는 삶을 살기 위해 마음관리가 필요합니다. 마음에 힘이 있는지 상처 받았을 때 치유하고 넘어가는지 마음을 돌볼 줄 알아야 합니다. 나무의 열매는 그 뿌리를 보고 알 수 있듯이 사람이 어떤 말과 행동을 자주 하는지는 그 마음 상태를 보고 알 수 있습니다. 심지(마음에 있는 뜻)가 굳은 사람은 외부 환경에 굴하지 않는 태도와 바른 자세를 가집니다. 상황을 분별하고 목표를 기억해 집중합니다.

둘째는 자신의 의지가 먼저지만 환경 또한 무시할 수 없습니다. 강한 불굴의 의지를 가졌다면 완벽한 환경이 아니라도 주어진 곳에서 최선을 다 할 수 있습니다. 하지만 사람은 누구나 연약한 부분이 있고 강하다가도 자신의 취약점에 노출되어 실패하기도 합니다. 그렇기에 유혹에 넘어가는 실패와 실수를 겪지 않기 위해 환경조성을 하는 것이 지혜로운 행동입니다.

장소를 선택하세요. 집중할 수 있는 장소, 조용하거나 활력을 얻을 수 있는 장소, 아이디어를 얻을 수 있는 장소를 선택하세요.

시간을 정하세요. 에너지가 충만한 시간, 영감과 감성이 활발한 시간, 방해받지 않는 고요한 시간 안에 들어가세요.

사람을 만나세요. 경청하는 사람, 인격적인 사람, 능력이 있는 사람, 바른 가치관을 가진 사람, 내가 도울 수 있는 사람, 영향을 주고받는 사람을 만나야 합니다.

하루 중 생산성이 가장 좋은 시간은 오전 11시와 또 저녁 9시 때 입니다. 그 시간에 능력을 나타낼 수 있는 일을 하고 생산성을 발휘하는 좋은 장소인 공유 오피스, 도서관, 스터디 카페, 집중이 잘 되는 사무실로 가서 발생하는 영감과 에너지, 좋은 기분으로 실행하면 성과와 기분, 건강에도 좋습니다.

습관을 만들고 목표를 이루는 기술

습관 목표인증!
(매력적이고 성장하는 사람들과 유대감을 느끼고 같은 길을 걸어가라.)

———

    삶의 활력소가 함께 성장하는 사람들로 인해 생깁니다. 매력적이고 좋은 사람들이 모인 곳에서 습관과 건강한 삶을 표현하는 것이 좋은 동기부여가 충분히 될 수 있습니다. 성장과 성숙의 표현으로 서로 유대감이 생기고 함께 길을 가고 있다는 안정감으로 든든한 동료를 만난 느낌을 선사합니다. 서로의 좋은 면을 통해 더 친해지며 깊은 인격적인 만남이 이루어집니다. 습관 단톡방, 카페, 커뮤니티, 소모임, 유명한 지역 중고 앱(당근마켓)에서는 지역, 동네 모임도 있고 또 개설할 수도 있습니다. 저 또한 습관과 목표 달성을 위해 단톡 방에 간략히 진행사항을 기록하여 올립니다. 이렇게 하면 자신의 목표를 좀 더 구체적으로 확인하고 이어갈 수 있는 방법이 됩니다.

인증하는 것에는 여러 가지 효과가 있습니다. 인증의 가장 큰 장점은 꾸준히 할 수 있다는 것입니다. 그리고 하기 싫을 때도 인증하는 사람들이 안전장치가 되어 인증하기 위해 조금씩이라도 이어나간다는 점입니다. 그리고 여러 사람들에게 인증함으로써 다른 사람들에게도 동기부여가 됩니다.

단점은 인증을 위한 인증이 될 수 있습니다. 습관 인증이라는 것이 관심과 인정을 많이 받고 싶어 할 수도 있고 때로는 과한 인정욕구로 인해 자신의 본업에 지장이 갈 만큼 무리할 수도 있다는 것입니다. 그럼에도 인증의 장점과 유익은 단점보다 훨씬 크고 가치 있습니다. 그리고 사실 그런 과한 인정을 받고자 하는 사람은 극소수입니다. 오히려 매력적이고 성장하려는 사람들은 적절한 인증을 통한 큰 성장과 깊은 성숙을 맛본 사람들이 훨씬 더 많습니다. 그리고 노력한 습관을 보여주면서 아름다운 삶을 공유합니다.

좋은 사람들과 있다면 지혜를 얻고 닮아가고 싶어져요. 독서와 운동, 생각하기를 통해 성장 뿐 아니라 성숙이라는 겸손의 선물을 받게 됩니다. 타인을 배려하고 사람을 이해하며 이타적인 사랑을 할 수 있게 합니다. 같이 있는 것만으로도 그 내공을 느끼고 아름다운 삶의 모습을 보며 마음에 힘을 얻을 수 있는 사람. 배울 점이 많은 사람은 성장과 성숙을 도모하는 이들입니다. 성공해서 교만한 사람, 실패에 낙담한 사람보다 성공과 실패, 상황에 크게 상관없이 좋은 습관을 조금씩 들이면서 가장 좋은 가치를 쌓을 수 있습니다.

습관과 자신의 목표를 인증하는 방법 또한 삶의 내공을 다지는 장치가 되죠. 습관을 한 자신에게 상을 주거나 함께한 사람들과 상금을 걸어 보상을 얻게 하는 방법도 좋습니다. 반면 보상이라는 인센티브가 없을 때 동기가 생기지 않을 수 있습니다. 보상만 원해서는 결핍을 채울 수 없습니다. 습관과 목표달성 이후 오는 발전하는 자신의 삶을 큰 보상으로 여기세요.

반대로 패널티(penalty)를 설정해도 좋습니다. 습관실패 시 감당하는 벌금 또는 벌칙은 자신과 사람들과 약속을 지킬 수 있는 장치가 됩니다. 사람은 이익을 얻는 것 보다 손해를 보는 것을 더 싫어하는 심리(손실회피 경향)가 있습니다. 이런 손실회피 효과를 적극 이용하는 거예요. 주위 사람들에게 지킬 수 있는 습관을 말해보세요. 또 이루고 싶은 중, 단기 목표를 적어보세요. 완료한 한

것은 자신이 확인 하도록 기록하거나 공유해보세요. 목표를 이어

간 날짜 수를 넣는 것도 좋습니다. 일정기간 사람들과 인증을 통

해 공유해보고, 또 인증 없이 혼자서 해보세요. 혼자서도 할 수 있

는 습관을 길러야 합니다. 많은 인정을 받기위한 것이 아닌, 누가

보든 그렇지 않든 상관없이 해야 진정한 습관이 됩니다. 습관형

성으로 밖으로 더 큰 영향력을, 안으로는 더 깊은 성숙의 삶을 써

내려갈 수 있습니다.

습관을 만들고 목표를 이루는 기술

좋은 인증을 통해 서로 연결되는 유대감을 가지고 깊은 인격적인 관계를 추구하라

1. 인증은 끈기 있게 지속 할 수 있는 시스템이 됩니다.

2. 목표 달성의 시간을 대폭 단축시켜 줍니다.

3. 힘들고 하기 싫을 때도 조금씩 이어갈 수 있게 합니다.

4. 같은 방향을 향해 나아가는 사람들과 동질감을 가지게 합니다.

5. 지혜롭고 매력적인 사람들과 함께하는 것은 좋은 동기부여가 됩니다.

6. 좋은 분위기속에 있으면 자연스럽게 닮아가고 싶은 바람이 생깁니다.

7. 좋은 습관과 목표를 이루다보면 성장뿐 아니라 겸손과 성숙의 열매가 영글어 갑니다.

8. 인정과 관심만을 바라는 인증을 위한 인증이 될 수 있는 것은 작은 단점이지만 그보다 장점이 훨씬 큽니다.

9. 습관을 만들고 목표를 이루는 과정을 통해 다른 사람에게도 도전의식을 줍니다.

10. 함께하는 사람들로 인해 습관 만들기가 즐거워집니다.

인스타그램 성장을 통한 성취하는 목표

계획

저는 2024년 연초에 새로운 인스타그램 계정으로 사업노하우를 전하는 콘텐츠를 시작했었습니다. 전략적으로 인스타그램을 운영하고자 처음 계정을 만들 때 기존 연락처의 사람들과 동기화를 시키지 않았습니다. 동기화를 하면 또 기존 알고 있는 사람들과 팔로우가 되어 새로운 알고리즘이 형성되지 않기 때문입니다.

습관을 만들고 목표를 이루는 기술

새로운 시작과 기획

나의 콘텐츠를 알릴 수 있는 사람들과 나의 사업을 궁금해 하는 찐 팔로워들을 맺기 위해 제로베이스에서 출발했습니다. 새로운 알고리즘을 형성하기 위해 전략적으로 콘텐츠를 만들고 계정을 키울 수 있는 방법들을 적용했습니다. 숏폼 영상이 인기라서 릴스로 콘텐츠를 올리고 궁금해 할 수 있는 저의 온라인 사업 노하우 위주로 전했습니다. 콘텐츠를 주목할 수 있도록 주제를 선정하고 말투와 설명은 자신감 있고 전문성을 첨가했습니다. 릴스의 길이는 짧고 간결하게 해서 빠르게 볼 수 있도록 했습니다. 유행하는 음악과 릴스 분위기에 맞는 효과음 등을 적용했습니다. 팔로워들의 행동유도를 통해 참여도를 높였습니다.

꾸준한 생산성

처음 두 달간은 거의 매일, 일주일에 5번 이상은 콘텐츠를 등록했습니다. 아이디어는 떠오를 때 즉시 메모했고 생각나는 대로 바로 릴스를 만들었습니다. 인스타그램은 생산성을 증명하고 꾸준함의 대가를 볼 수 있는 좋은 플랫폼 장소입니다. 인스타그램 콘텐츠는 너무 완벽주의보다는 조금 좋은 퀄리티로 지속적으로 올리는 것에 효력이 나타납니다. 그 말은 무슨 콘텐츠가 터질지 모르기 때문입니다. 콘텐츠가 유익해야 좋아요를 받을 수 있지만 또 알고리즘의 선택도 받아야 합니다.

독창성

전략적인 인스타그램 운영과 성장을 위해서 내가 잘할 수 있는 분야를 선택하고 그것을 잘 표현해야 합니다. 온라인 사업과 전자책 판매, 자기계발을 수년 간 하면서 쓴 블로그 글과 이야기를 전했고 수익을 얻을 수 있는 노하우로 콘텐츠를 만들었습니다.

참여도와 비즈니스

전자책을 프로필 링크로 소개하고 유입을 유도했습니다. 콘텐츠마다 팔로워들의 행동유도를 올리기 위해 댓글 참여를 높였고 더 자세한 정보와 전문성은 저의 블로그를 참고하도록 했습니다. 그동안 꾸준한 글쓰기 습관을 통한 블로그 글은 이렇게 도움이 되었습니다. 전략적인 인스타그램 운영으로 찐 팔로워 분들이 생

습관을 만들고 목표를 이루는 기술

겼고 그 외의 홍보로 인해 매출과 수익을 올리게 해주었습니다.

습관과 목표로 만드는 슈퍼멘탈

꿈을 실현하고 성장시키는 노하우

1. 전략적으로 기획하고 시작해야 합니다.

2. 한 번에 많은 것을 하기보다 실현하고 싶은 한 가지에 집중하세요.

3. 완벽주의보다 조금 좋은 퀄리티로 꾸준하게 실행하세요.

4. 재능을 빨리 발견하고 잘 할 수 있는 것을 개발하세요.

5. 성과를 얻고 좋은 반응을 일으킬 수 있도록 지혜를 갖추세요.

6. 작은 성공을 이뤄야 지속하고 성공이 쌓이면서 성장합니다.

7. 한번 실패했을 때도 괘념치 않고 계속하세요. 성공은 원샷,원킬이 아니라 수많은 시도에서 과녁에 명중하는 몇 개의 화살과도 같습니다. 무에서 유를 창조하려면 마음을 먹고 전략적이어야 합니다. 창조는 쉽지 않고 생각으로만 끝나는 경우가 많기 때문입니다. 또 시도해도 실패로 끝나는 경우도 허다합니다. 노력도 중요하지만 꿈을 실현시키기 위해서는 믿음과 생각이 선행되어야 합니다. 강한 믿음이 포기하지 않게 하고 생각이 날카로워지면 실행이 빠릅니다.

습관을 만들고 목표를 이루는 기술

함께하는 사람들
(사회적 효과로 성과와 능력을 극대화해라)
―――

저에게는 자기계발 습관을 함께하는 좋은 분들이 있습니다. 저는 독서, 운동, 명상, 기도, 글쓰기와 같은 습관을 좋아해서 혼자 해도 하겠지만 함께 하는 좋은 사람들 덕분에 매일 하루도 빠지지 않고 계속 할 수 있었습니다. 사회적 촉진효과: 사람들과 함께 했을 때 작업을 개선하고 더 성과를 내는 방법을 찾아서 하라는 것입니다. 반면에 사회적 저하효과는 사람들과 함께 할 때 성과나 능력이 안 나오는 것을 뜻합니다. 자신이 생각하기에 재능이 되는 일들은 사람들과 함께 할 때 더 발전하고 탁월해지고 능력을 나타냅니다. 반면, 예를 들어 아직 악기연주가 서투른데 사람들과 합주를 하기 힘들다면 혼자서 어느 정도의 실력이 올라올 때까지는 연습을 거쳐야합니다.

습관을 만들고 목표를 이루는 것은 다른 사람들과 함께 할 때 극대화 할 수 있습니다. 좋은 사람들과 함께 있는 것이 궤도를 이탈하지 않는 안전장치가 되고 성과를 나타내는 데 있어서도 도움을 줍니다.

혼자 공부하기 힘들면 스터디 모임을 만들어 다른 사람들과 함께 공부를 하면 좋습니다. 혼자 30분 공부하다가 중간에 카카오톡을 하거나 유튜브를 잠시 본다면 이미 정서적으로 분산이 되어 공부가 끝나고도 정신적으로 피곤합니다. 다른 사람과 함께 공부한다면 딴 짓을 할 가능성은 적어져 정해진 시간을 잘 쓰며 온전히 몰입할 수 있습니다. 30분, 1시간 몰입하고 끝냈을 때 피곤하기는커녕 성취감과 보람이 느껴집니다. 이것이 몰입의 효과입니다. 주위의 모든 방해물과 또 잡념이 차단되고 원하는 목표와 일에 정신을 집중시킬 수 있습니다. 시간이 가는 줄도 모르고 공부 또는 좋은 습관에 온전히 참가해서 그 활동을 즐기는 물 흐르듯 자연스러운 상태가 되는 것입니다.

오프라인으로 같은 가치관을 가진 사람들과 만나 보세요. 때로는 물리적으로 만나기 힘들다면 온라인 화상모임도 많이 있습니다. (줌, 네이버 웨일온, 구글미트, 구르미 캠스터디) 이 중 네이버 웨일온도 좋습니다. 500명까지 참여 할 수 있고 무제한 무료입니다. 네이버 아이디가 있다면 쉽게 접속할 수 있습니다. 단점이라면 녹화가 되지는 않습니다.

함께하는 사람들과 각자의 목표를 위해 함께 공부하는 스터디 모임 그리고 독서모임을 해도 좋습니다. 제가 속한 습관모임에서는 독서나눔을 정기적으로 하는 지정도서 모임, 각자 읽고 있는 책을 가지고 와서 소개하고 느낀 점을 나누는 자유 독서 나눔, 또 당일 30분 책을 읽고, 30분 읽은 부분을 서로 나누고 30분 각자 글을 써보는 시간도 가집니다. 모임을 통해 정말 많은 유익이 있었고 모임 후기 또한 좋았습니다. 서로의 생각을 들을 수 있고 말하기, 정리하기, 글을 쓰는 능력도 향상되었습니다. 독서는 마음과 정신을 충만하게 하고 인간관계에 있어 다른 사람을 배려하고 존중하도록 합니다. 또 정리하고 글을 쓰는 습관은 명쾌하고 자신감 있는 사람으로 만들어줍니다.

또 카카오 단체톡 방을 통해서 좋은 습관을 인증하면 오프라인 모임이 없는 날에도 꾸준히 습관을 인증하면서 이어가고 목표를 게으르지 않고 조금씩이라도 할 수 있게 만들어 줍니다. 개인 SNS로 인증을 올리거나 지인들과의 단톡방에서 습관과 그날 달성한 작은 목표들을 올리고 카카오 톡 오픈채팅의 공통 관심사의 사람들과의 방에서 인증하는 것들도 많아졌습니다.

혼자 하면서 성과를 이루고 성취감을 느끼는 것도 좋지만 혹 슬럼프에 빠지거나 바빠서 하루 이틀 빠뜨리면 겉으로 티가 나지 않습니다.

저의 경우 운동, 독서, 글쓰기, 콘텐츠를 생산하는 습관을 좋아해서 혼자 해도 할 수 있는 정도이긴 합니다. 할수록 먼저 나 자신이 좋아지는 것을 느끼기 때문입니다. 몇 년 전부터 이러한 습관을 가지고 했었는데 5일 정도 하고 하루는 쉬었었습니다. 하지만 함께하는 사람들과 단톡방에서 매일 인증하다 보니 저의 경우는 지금까지는 하루도 빠지지 않고 습관을 해오고 있습니다.

우리는 서로를 인정하고 인정받으며 관계를 형성하는 존재입니다. 격려와 칭찬, 인정을 통해 자신의 가치를 발견하고 자존감을 형성할 수 있습니다. 습관과 목표의 과정, 달성을 너무 인정받기에 목마를 필요는 없지만 다른 사람과 함께 하고 서로 응원하는 과정은 나의 존재가치를 알고 자존감 형성에도 도움이 됩니다. 그리고 그 목표를 이뤄냈을 때 칭찬과 인정과 격려는 서로의 관계와 삶을 아름답고 풍성하게 합니다.

습관을 만들고 목표를 이루는 기술

목표를 이루는 또 하나의 방법

———

　저는 원래 완벽주의 성향이 있었습니다. 하지만 완벽주의
보다 일상의 일과 목표들은 조금 좋은 퀄리티로 꾸준히 하는 것
이 더 중요한 걸 깨달았습니다. 물론 삶을 살면서 중요하게 해내
야 하는 일과 프로젝트는 정성을 쏟아 최상의 결과를 내야 할 때
도 있습니다.

　하지만 일상에서 일은 꾸준히 완성해 나가는 것이 중요합니다.
어차피 내가 완벽하다 생각한 결과물도 원하는 성과를 못 내거
나, 다른 사람들은 그렇게 생각하지 않을 수 있기 때문입니다.

　무엇이 좋은 반응과 성과로 이어질지 다 모르기 때문에 꾸준히

실행하는 것이 중요하고 최선을 다한 뒤 결과를 보는 자세가 필요합니다. 일생일대의 프로젝트는 정성을 다해야겠지만 일상의 일들은 조금 좋은 퀄리티로 계속 완성해야 성공비율이 높아집니다.

계획적으로 살기 J vs 현재에 충만하기 P

꼼꼼한 계획을 완벽히 하려면 힘이 들어가고, 계획대로 되지 않을 때 쉽게 지칩니다. 또 준비 하지 않은 채 현실만 즐기면 탁월한 결과가 나오지 않습니다. 완벽주의에 벗어나 현재에 충만하면서 실력을 뽐내려면, 작은 연습들이 습관화 되어 있어야 합니다. 루틴화 되어 있는 실력은 의식하지 않아도 발휘됩니다. 그렇게 되려면 반복된 습관들로 평균 실력을 높여야 합니다. 현재를 충만히 즐기면서 실력의 성장뿐 아니라 관계의 즐거움도 가질 수 있어요. 계획은 틀어질 수도, 그 사이 더 좋은 계획이 생길 수 있어요. 또 가야 할 목표와 계획이 없으면 방자히 행할 수 있습니다. 제멋대로인 상태이기도 한데, 긴 머리를 푼 채 바람에 흩날리는 머리카락의 모습에 비유합니다. 과정 중에 수정할 수 있는 목표라면 우선 시작하고 개선해도 됩니다. 반면 완성 후 수정할 수

습관을 만들고 목표를 이루는 기술

없는 결과물은 신중함이 필요해요. 큰 비전 안에서 언제든 계획은 수정될 수 있다고 생각해야 합니다. 계획이 틀어지는 것이 문제가 아니라 중간에 그만두는 것이 문제입니다. 비전을 이루기 위해 더 좋은 생각과 기회가 생기면 유연하게 적용해보세요. 슈퍼멘탈 리더로서의 그릇이 더 커질 것입니다.

'목표를 종이에 적어라. 그러면 이루어진다.' 흔히들 '원하는 목표를 적으면 이루어진다.'고 합니다.

여기서 목표를 이루는 또 다른 방법을 생각해보려 합니다. 간혹 사람들에게 목표와 비전을 선포할 때, 체면치레로 착한 것이 포장되어 거창해질 수 있는 걸 유의해야 합니다. 자신의 진정한 목표를 남기기 위해, 하지 말아야할 것부터 적으면 해야 할 것이 남아 단순해지며 효율적입니다.

지인들 중 한 분은 연말업무가 많아 늦은 시간까지 야근으로 힘들어 하셨습니다. 그분이 하기 싫은 것은 늦게까지 야근하는 것입니다. 하고 싶은 것은 효율적으로 일해서 업무량 끝내기, 조금만 일해도 큰 효과를 얻기, 레버리지를 이용해서 많은 돈 벌기, 시간적 여유를 얻을 수 있는 직업이나 사업을 알아보기 등이 진짜 목표가 되어버립니다.

다른 예를 들어보겠습니다. 어느 한 여성분은 직장 내에서 자신의 뒷담화 듣는 것이 스트레스였습니다. 그분이 싫어하는 것은 자신의 뒷담화를 알게 되는 것, 다른 사람들이 자신에 대해 함부로 얘기하는 것입니다. 원하는 것은 그 사람들에게 그런 식으로 함부로 얘기하면 안 된다고 말하는 처세술과 적절한 대응 법을 갖는 것입니다. 그로 인해 함부로 얍 잡아 볼 수 없는 내공 있는 사람이 목표가 되는 거겠죠.

목표를 이루려면 종이에 적어보십시오. 스마트 폰에 적거나 타이핑해도 괜찮습니다. 책상용 캘린더에 적거나 휴대하면서 계속 보고 방안, 사무실 책상에 붙여놓고 계속 상기(Reminder) 시킵니다. 그렇게 하면 두뇌는 목표를 계속 생각하게 되고 부정적이고 안 될 것이라는 생각보다는 목표에 대해 계속 생각하고 실행으로 이어지게 됩니다. 하지 말아야 할 것을 먼저 적고, 하고 싶은 일을 적는 것도 색다른 방법입니다. 자신이 하기 싫은 일을 정확히 알고 나면 역 발상이 됩니다. 바로 하고 싶은 일을 어떻게 해야 하는지 정확히 알게 되는 것이죠.

중요한 것은 사명과 목표가 선명하고 명확해 지는 것입니다. 우선순위를 세우고 버려야 할 건 버리고 해야 되는 것에 집중하고 몰입해야 합니다. 추상적이지 않고 명확한 건 행동을 더 단순하게 만들어줍니다. 그리고 결과도 즉각적입니다. 하고 싶은 일

습관을 만들고 목표를 이루는 기술

은 가치가 있는 것이 좋습니다.

'고급 스포츠카를 타고 싶다.' 보다는 사업을 해서 사람들에게 도움이 되는 가치 있는 상품과 서비스를 판매해서 성공한다는 목표가 더 좋습니다. 사업에 성공하게 되면 고급 스포츠카를 얻는 것은 쉬워지기 때문입니다. '좋은 글을 쓰고 전자책을 만들고 책을 출간하겠다.' 가 목표가 되면 이루어졌을 때 저자 강연회, 강의, 독서 모임 등으로 사람들은 모이게 되고 좋은 사람들도 자연스럽게 만나게 될 것입니다.

목표 설정과 달성하는 노하우

1. 원하는 목표를 구체화 하세요.

(저는 '전자책을 써서 플랫폼에 등록하여 판매한다.'가 목표였습니다.)

2. 그 목표를 이루기 위해서 버려야 할 것을 버리세요.

(남는 시간과 휴일에 시간을 그냥 보내지 않고 글을 쓰고 전자책을 틈틈이 썼습니다.)

3. 단기 목표는 달성가능한 정도의 크기와 기한을 설정하세요.

(처음 30페이지 분량의 전자책을 한 달 안에 쓰는 걸로 설정했고 결과는 분량을 더 많이 쓰고 기한은 더 당겨 이뤘습니다.)

4. 혼자 하기 힘들 때는 같은 목표를 가진 사람들과 함께 해보세요.

(글쓰기 모임이나 스터디모임에 참여해 책을 쓰는 것에 몰입했습니다.)

5. 목표를 공언해보세요.

(여러 사람들 앞에 공개해서 말하면 좋은 목표를 말할 수 있고 말의 책임으로 이룰 가능성은 높아집니다.)

습관을 만들고 목표를 이루는 기술

6. 때로는 목표를 멋지게 이루고 공개해보세요.

(감동은 기대하지 않았던 곳에서 나옵니다. 꿈과 목표를 소중히 품고 이룰 때 멋지게 공개해 보세요. 그 과정이 기대가 되고 설레는 동기부여가 됩니다.)

7. 아이디어는 메모하세요.

(좋은 아이디어가 번뜩일 때 즉시 메모 하세요. 즉시 실행할 가능성이 높습니다. 스마트 폰에, 종이에, 메모장에 적어도 좋습니다. 실행할 때 다시 보면 행동이 정확해 집니다.)

아웃풋
(말과 행동)

———

말에는 힘이 있고 언어는 마음의 전달입니다. 말을 통하여 자신의 능력을 나타낼 수 있고 꿈을 이룰 수 있습니다. 다른 사람에게 힘을 불어 넣을 수 있습니다. 우리는 경쟁하기 위해 만난 것이 아니라 서로를 성장시켜주고 완성시켜주기 위해 만났습니다. 제가 가는 모임 중에 한 분이 소소하게 개인 공방처럼 그림을 그리고 비즈 공예로 예쁜 작품도 만드는 것을 보았습니다. 어느 날 얘기를 하면서 만드는 작업을 간단히 촬영해 음악을 넣고 감성적인 좋은 이야기를 영상에 담아보라고 권유 했습니다. 실제 할 줄

습관을 만들고 목표를 이루는 기술

은 몰랐지만 수일이 지나 진짜 만든 영상을 보았는데 잘 만드셨습니다. 깔리는 배경 음악도 좋았고 편안히 공예작업 하는 모습과 영상에 나오는 목소리 또한 예쁘고 편하게 들렸습니다. 발음, 말투도 좋았고요. SNS에 올렸지만 저는 유튜브에도 올려서 많은 사람들을 힐링하게 하는 영상이 많아졌으면 좋겠다고 권유하고 또 격려했습니다.

이렇듯 우리는 서로의 장점, 특히 아직 발현 되지 않은 상대안의 좋은 잠재력을 잘 이끌어내고, 격려해서 그 사람이 좋은 사람으로 성장하도록 말과 행동, 칭찬으로 도와줘야 합니다. 서로가 존재하는 하는 이유는 바로 이 때문입니다. 좋은 리더는 다른 사람이 가지고 있는 고유한 성품, 태어날 때부터 가지고 있는 장점을 발견하고 말해주는 사람입니다. 이렇게 자존감을 인정해주고 또한 노력을 칭찬해야 합니다. 잘하도록 도와주고 응원하며 성공했을 때는 축하해주고, 잘 되지 않을 땐 공감과 위로로 다시 할 수 있는 힘을 주는 사람입니다.

행동할 때는 태도와 자세가 중요합니다. 운동할 때도 바른 자세가 부상의 위험을 줄이고 근육의 자극을 극대화 합니다. 두뇌에 도움이 되는 몸을 경쾌하게 움직이는 정도의 몸 풀기, 스트레칭, 가벼운 운동과 산책은 더 성장하게 하는 행동이 됩니다. 그리고 다른 사람에게 조금 좋은 태도로 친절히 대하는 것, 때로 행동에 속도를 붙이거나 빨리 걷는 것은 자신감을 가지는데도 좋습니다.

마케팅 책을 많이 쓴 세스고딘의 '린치핀'이라는 책을 보면 반복해서 나오는 말이 있습니다. 당신 안에 있는 예술적 감각을 세상 밖으로 내놓고 표출하라고 나옵니다. 세상과 많은 사람들은 바로 당신의 예술을 기다리고 있다고 합니다. 사람들은 인스타그램, 유튜브 등으로 더 재미있고 유익이 있고 신선한 콘텐츠를 계속 스크롤을 내리면서 찾고 매일을 살고 있습니다. 세상과 사람들이 그렇게 찾을 때 당신의 예술, 생각을 표현해서 업로드해보고 세상에 발현시켜보세요. 아웃풋 곧 실행이 내 삶을 바꾸고 다른 사람에게 좋은 영감을 줄 것입니다. 실행을 하면서 원하는 좋은 결과가 나올 수 있고 그렇지 못할 수도 있습니다. 하지만 꾸준히 하는 것이 중요하고 무엇이 잘 될지는 알 수 없지만 성공률을 높이려면 이미 성공한 사람들에게서 감각을 배우고 자신의 색채에 접목시키는 것입니다.

아무것도 안 하면 마음은 편하지만 행동하게 되면 방법을 알게 됩니다. 실패가 이어질 수 있지만 그럴수록 원하는 것이 더 선명해집니다. 실패가 마음은 아프지만 누군가에게 위로가 되고 다른

습관을 만들고 목표를 이루는 기술

사람의 시행착오를 줄여주기도 합니다. 먼저 경험한 것을 얘기하거나 성공한 노하우의 자료는 책과 강연이라는 지식창업이 될 수 있습니다. 도전하고 실행하면 누군가에게 힘을 주고 행동하지 않으면 성공할 기회조차 얻지 못합니다. 처음엔 행복이 소유에 있는 것처럼 느껴집니다. 열심히 일해서 성취하고 많이 모으면 분명 행복을 누릴 수 있습니다. 그 단계를 뛰어 넘어서는 소유를 나눌 때 진정한 행복도 누릴 수 있습니다. 가지고 있는 물질과 돈을 나눌 수 있지만 자신의 지식과 재능, 경험과 감동적인 이야기를 나누며 모두가 행복해질 수 있습니다.

긍정 언어를 선택하고 시도를 자주 하는 사람이 되어야 합니다. 좋은 상태나 최상의 텐션으로 매일을 살 수는 없을 것입니다. 또 작은 고통의 연속인 삶 속에 너무 뒤처져있을 수 도 없습니다. 편안하고 안정적인 조금 좋은 태도와 자세를 늘 유지한 채 완벽하지는 않아도 좋은 말을 하고 좋은 행동을 꾸준히 해보세요. 폭풍 같은 삶에서 결국 자신을 지키고 다른 사람도 도울 수 있습니다.

'할 수 있으면 좋은 말을 하고 좋은 글을 써라. 만약 당신이 그렇게 한다면, 내가 좋은 말을 듣게 되고 좋은 글을 읽게 된다.'

저는 독서 습관동아리를 하고 있는데 우리나라에 독서 나눔과 토론이 필요하다고 생각합니다. 좋은 것을 기준삼아 얘기한다면 서로의 간격의 차를 이해하고 갈등을 미리 줄일 수 있습니다. 독서 모임은 책을 읽고 정리해서 다른 사람에게 간결하고 명확하게 전달하는 방식입니다. 그렇게 하면 대화의 수준도 높아지고 서로에게 유익이 됩니다. 그리고 경청하는 자세와 훈련을 통해 인격이 성숙해집니다.

좋은 대화를 하려면 다른 사람이 말할 때 중간에 끊지 않고 끝까지 들어줘야 합니다. 물론 중간에 끊게 되는 경우도 있습니다. 리액션을 할 때나 더 좋은 생각이 떠올랐을 때가 그렇습니다. 하지만 맺음말이 나올 때까지 집중 있게 들어 주고 끝났을 때 혹시나 더 할 말은 없는지 몇 초 정도 조금 더 기다려줍니다.

그리고 가만히 있는 것이 아니라 자신의 생각을 정리해서 간결하고 명확하고 힘 있게 합니다. 이런 대화법이 선순환 되었을 때 대화가 힘들지 않고 서로에게 유익이 됩니다. 이 대화법은 고상한 독서모임이나 돌아가면서 얘기하는 토론장뿐 아니라 여러분이 가족들과 또 친구들 동료들과 일상 대화에도 적용하면 좋습니다. 실제로 저는 독서모임의 리더로서 이렇게 진행을 하는데 끝나고 나서 서로간의 피드백과 후기가 특히 좋았습니다.

말하기 능력을 키우려면 독서모임, 독서 토론에 참여해보는 것

습관을 만들고 목표를 이루는 기술

도 좋습니다. 그분들도 다들 말을 잘하는 것은 아닙니다. 다만 독서 토론과 모임이 좋은 이유는 경청하는 분위기가 기본적으로 조성되어 있기 때문입니다. 배려하고 존중하는 태도가 형성되어 있기 때문에 참석하는 것만으로 힐링이 될 수 있습니다. 말을 잘하는 건 두 번째 문제이고 오히려 쉽고 간결하게 짧게 얘기하는 편이 좋습니다. 말하기 능력도 좋은 모임에 들어가 책을 기준으로 느낀 점을 조금씩 논리적으로 서술하다 보면 그 능력을 키울 수 있습니다.

이스라엘에는 후츠파 정신이 있습니다. 책을 읽고 대화하면서 발전하는 문화를 말합니다. 자원이 없고 리스크가 큰 지정학적 위험 속에도 어렸을 때부터 독서와 토론으로 생겨난 창의력과 기술로 전 세계 0.2%의 인구수이지만 노벨상의 30퍼센트를 이스라엘 사람들이 차지하고 있습니다. 미국 뉴욕 중, 고등학교 교사의 40% 이상이 또한 유대인이며 뉴욕에 처음 이주했을 때 허드슨 강이 범람하는 악조건 속에서도 벽(wall)을 세워 살아남아 현재 금융의 중심지 Wall Street에서 수많은 자본과 세계경제를 주름잡고 있습니다. 또한 유대인들의 우수성이라고 하는 도전정신으로 스타트 업 기업 수(7,000개)는 세계3위 수준이며 미국 나스닥에 상장되어있는 기술력 있는 기업의 수(100여개)도 이스라엘 기업들이 다수를 차지하고 있습니다. (2022년 기준.)

어렵고 난처한 일들이
분명 강력한 스토리텔링이 됩니다.

스토리텔링은 강력한 마케팅 도구가 됩니다. 유튜브와 인스타그램, 세상은 성공한 것을 이야기하고 성공스토리가 대중의 눈길을 끕니다. 하지만 진짜 성공을 이루기까지 처절한 실패도 경험하게 될 텐데 실패의 경험을 진솔하게 잘 얘기한다면 강한 스토리텔링이 됩니다. 사람들에게 말하기 힘든 비참하고 창피한 일들이 당시에는 아픈 경험의 시간일 것입니다. 하지만 이런 경험이야말로 AI가 따라할 수 없는 유일무이한 대체할 수 없는 진짜 삶입니다.

그리고 실패가 가슴 아프지만 누군가에게 위로가 됩니다. 때로 처참한 실패의 이야기는 다른 사람의 감정을 동요시킵니다. 스토리텔링 마케팅의 주요 목적은 사람들과 고객의 감정에 변화를 일으켜야 한다는 것입니다. 대체할 수 없는 자신만의 삶의 이야기를 매력적으로 표현해 재미와 감동, 유익으로 전달해보세요. 스토리텔링은 사람들의 마음을 붙잡고 다음 이야기를 듣고 싶게끔 합니다. 낭만은 그 힘이 큽니다. 가공되지 않는 날것 그대로의

습관을 만들고 목표를 이루는 기술

재미있는 삶의 모습은 강한 반응을 불러일으킵니다. 또 강력한 마케팅 도구와 돈이 되기도 합니다. 지금 어렵고 특이한 일을 경험하고 있다 해서 좌절하거나 힘들어하지 마세요. 훗날 다른 사람에게 도움이 되는 강력한 스토리텔링이 됩니다. 자주 실패하고 실수하는 인생 속에 옳은 일을 실행하는 것이 자신에게 다른 사람에게 유익합니다.

다른 사람을 살리는 말하기의 힘

1) 우리의 말에는 능력이 있습니다.

(말로 다른 사람의 마음을 살릴 수도 있고 죽일 수도 있습니다.)

2) 좋은 말을 하기 전 나 아닌 다른 사람을 인격적으로 존중하는 마음이 있어야 합니다.

3) 다른 사람이 하는 말을 집중 있게 들어주고 나의 좋은 생각을 간결하고 명확하고 힘 있게 말할 줄 알아야 합니다.

4) 다른 사람 안에 있는 좋은 잠재력을 이끌어 낼 수 있는 말을 해야 합니다.

(칭찬과 격려, 상황과 때에 맞는 말이 그렇습니다.)

5) 옳은 말이라도 공감과 위로가 먼저 일 수도 있습니다. 분별력이 있어야 하고 충고는 들을 준비가 될 때까지 기다려주는 것이 지혜입니다.

6) 극단적으로 좋은 말 또는 안 좋은 말을 하기보다 꾸준히 조금 좋은 말을 하는 습관을 들인다면 안 좋은 상황에도 흔들리지 않고 긍정적인 언어를 하는 정신력이 강한 사람이 될 수 있습니다.

습관을 만들고 목표를 이루는 기술

7) 경청하고 좋은 말을 간결하고 쉽게 얘기하는 것이 선순환이 될 때 편하고 서로 유익한 대화가 됩니다.

8) 말을 통하여 꿈이 이뤄지고 목표를 달성하게 됩니다. 또 다른 사람을 좋은 사람으로 만들어 줍니다.

글쓰기로 생산자 되기
(나를 돌보고 영향력 있는 수익창출 글쓰기)

글쓰기는 창작이고 생산적인 영역입니다. 좋은 책을 많이 읽고 자신의 경험과 생각을 잘 융합하고 성숙시켜 나만의 글로 재탄생 하는 것이 창조적 글쓰기라 할 수 있습니다. 내가 읽어보고 싶고 전달하고자 하는 것을 소책자로도 좋으니 책으로 만들어 본다는 생각도 좋습니다. 책을 읽으면 많은 지식과 정보를 얻게 되고 삶에 진리를 행하는 지혜까지 갖추게 됩니다. 책을 읽은 여러분이 이제 좋은 글을 쓰고 그걸 하나로 묶어 책으로 재탄생시킬 차례입니다. 내가 주위 사람들에게 책을 써보라고 하면 나 같은 사람이 어떻게 책을 쓰냐고 반문합니다. 책은 성공적인 업을

습관을 만들고 목표를 이루는 기술

이룬 사람이 공부를 많이 한 사람이나 나와는 다른 특별하고 유명한 사람이 쓰는 것이라는 막연한 생각을 가지고 있습니다.

틀린 말은 아니지만 다 맞는 말도 아닙니다. 무명했지만 좋은 글과 책으로 유명해진 사람들도 많이 있습니다. 단지 유명해지는 것을 책을 쓰는 제1의 목표가 되어서는 안 되겠지만 좋은 글을 쓰면 우선 자신에게 유익이 되고 읽는 사람에게 도움이 됩니다.

읽는 사람에서 읽고 쓰는 사람으로!

많은 정보와 지식, 지혜들을 깊게 사고하고 나의 생각과 경험들을 융합하여 재탄생시키는 과정을 통해 글쓰기 작업의 경험을 하게 됩니다. 초고를 쓰고 살을 붙이고 재정리 하고 다듬는 일련의 과정을 통해 말입니다. 처음부터는 책 한 권을 쓸 수 있는 양을 완성시키지 못할 수 있습니다. 하루 3~4줄씩 쓰는 것부터 습관화 하면 좋습니다. 짧게 보이겠지만 서론, 본론, 결론 이렇게 3줄을 써보는 것입니다. 책과 글을 쓰는 폼을 익힐 수 있으며 짧지만 간결한 것이 좋은 이유는 가장 중요한 것을 남기기 때문입니다. 강력한 메시지가 나오고 읽는 사람도 피곤하지 않습니다. 짧지만 좋은 글은 SNS에 올리기 제격입니다. 인스타그램 앱이 사용자가 많기에 반응도 빨리 얻을 수 있고 최근에는 스레드 (threads) 라는 인스타그램 연동 글쓰기 플랫폼이 있습니다. 마치 예전 트위터와 같이 짧은 글을 쓰는 공간입니다. 블로그와 브런치, 구글 문서등 글 쓰는 플랫폼들을 잘 이용하면 좋습니다. 볼게 넘쳐나는 시대에 사람들은 긴 글은 잘 읽지 않습니다. 짧고 간결하고 여운이 남는 힘이 되는 글이 쉽게 읽히고 반응을 빨리 불러 올 수 있습니다. 지속적인 짧은 글쓰기의 습관이 글을 쓰는 사람으로서의 정체성을 만들어 줄 것입니다.

책을 읽다 보면 나와 작가의 가치관과 다른 부분을 발견할 수도 있습니다. 그렇지만 한 권의 책에서 좋은 점의 글들도 발견됩니다. 내가 더 하고 싶은 말과 글이 생길 수 있습니다. 그렇다면 여러분 자신의 글을 쓰면 됩니다. 저는 많은 사람들이 좋은 글을 쓰길 원하고, 언젠가는 소책자이든 장편이든 자신만의 책을 각자 쓰면 좋겠습니다. 좋은 글이 많아지면 더 많은 사람이 글의 혜택을 받습니다.

'당신이 좋은 글을 쓰면 내가 좋은 글을 읽는다.'

책을 쓴 작가들과 좋은 글을 쓴 사람도 다른 사람도 좋은 글을 쓰길 바라는데 그것은 당신이 좋은 글을 쓴다면 내가 좋은 글을 읽기 때문입니다. 서로가 잘되길 바라는 마음으로 기도해주는

습관을 만들고 목표를 이루는 기술

것만큼 책도 서로에게 좋은 작용을 합니다. 열흘 정도만 좋은 내용의 책들만 매일 읽더라도 세상을 바라보는 관점이 긍정과 희망으로 바뀝니다. 그리고 많이 읽게 되면 생산적인 활동을 하는 실행력이 좋아지는데 특히 글을 쓰는 것은 좋은 창작 활동이 됩니다.

세상의 많은 글들은 아무것도 없는 상태, 무에서 유를 창조하기보다 그 동안 무수히 많았던 글들에 새로운 문장과 단어를 넣고 조합 해보기도 하며 한 개인이 깊은 통찰과 삶에서 경험한 것들을 성숙시켜 새롭게 재탄생 되는 것입니다. 그러한 글쓰기와 책 쓰기는 자신을 발전 시켜주지만 도움이 필요한 이들에게 적절한 노하우가 되고 세상을 더 나은 방향으로 발전시키는 훌륭한 콘텐츠가 됩니다.

오래도록 성공하려면 겸손하고 가치를 제공하라.

크게 성공하려면 다른 사람에게 가치를 제공하고 도움을 주는 사업을 했을 때 성공하는데 그것도 아주 크게 성공하게 됩니다. 다른 사람에게 도움이 되는 삶이 가치가 있을 뿐 아니라 사업이 될 수 있는 것입니다. 제공하기보다 받았을 때 도와주기보다는 도움 받을 때 부자가 되고 더 성공할 것 같습니다. 하지만 역설적이게도 제공하고 도움을 주는 것이 크게 성공하는 법칙입니다. 스타벅스는 음료를 주문하지 않아도 자리에 앉을 수 있고 공간을 이용할 수 있습니다. 유투브는 무료로 거의 모든 영상을 시청할 수 있습니다. 구글의 검색 첫 페이지는 광고도 없지만 양질의 검색을 사람들에게 제공합니다. 이런 기업들이 크고 오랫동안 성공할 수 있는 것은 사람들에게 정보를 주고 먼저 서비스를 제공했기 때문입니다. 주는 자가 복 이 된다. 라는 말이 실제 기업의 성공을 지속시키는 경영방식이 됩니다. 요즘 다시 유행하는 마케팅이 주는 사람' Giver 입니다. 이것은 황금률의 법칙 '내가 대접받고 서비스 받고 싶은 대로 다른 사람을 대접하고 서비스 하라' 라는 의미입니다.

이 황금률은 사업과 인간관계에 적용하면 큰 성공을 거둘 수 있습니다. 무작정 주기만 하는 사람들을 보면 크게 성공하거나 아주 성공하지 못한 부류로 나뉘게 됩니다. 다른 사람의 유익을 생각하면서 지혜롭게 실행하는 사람이 가장 크게 성공합니다.

우리는 이러한 사람들을 기버 (giver)라고 합니다. 반면에 받기만 하는 사람은 테이커 (taker) 입니다. 사업과 인간관계에 있어 기버 (giver)가 가장 크게 성공하고 돈을 많이 버는데 우선 사람과

습관을 만들고 목표를 이루는 기술

고객을 끌어 모을 수 있기 때문에 그렇습니다. Giver 이렇게 주는 사람은 Taker 받는 사람보다 아주 크고 장기간으로 성공하는 것이 바로 황금률의 법칙입니다.

글쓰기와 책 유튜브, 콘텐츠, 지식 사업은 황금률의 법칙을 사용하기에 좋은 모델이 됩니다. 고객들과 사람들에게 좋은 정보, 지식, 지혜를 줌으로 인해서 사람과 고객을 모을 수 있고 이는 추후에 구매 전환을 높일 수 있게 되며 판매와 계약을 맺을 수 있습니다. 사람을 모으고 추후 고객을 모을 수 있다면 좋은 커뮤니티를 만들고 관리자 혹은 리더가 될 수 있습니다. 충성 고객과 팔로워는 당신을 신뢰하게 되며 장기간의 도움이 되고 당신 또한 그들에게 최고의 것을 주고 최선을 다할 수 있습니다. 유튜브와 SNS에서 성공하는 방법 중 하나는 다른 사람에게 도움이 되는 정보성 콘텐츠를 등록하는 것입니다.

앞서 얘기한 황금률의 법칙처럼 글쓰기와 책, 콘텐츠들이 사람들에게 유익이 되면 아주 막강한 힘이 됩니다. 글쓰기를 할 때 특히 마케팅 글쓰기를 할 때는 상대의 문제를 짚고 공감해주면서 나도 그런 적이 있었다는 경험을 얘기합니다. 문제를 해결하는 방법을 소개하면서 고객이 구매나 상담으로 이어 갈 수 있게 하는 행동유도를 하는 것이 좋습니다.

나를 돌보는 글쓰기에서 영향을 주는
생산적인 글쓰기로

독서와 운동, 명상, 기도 등의 좋은 습관은 자기관리의 영역입니다. 그런데 글쓰기는 자기관리를 넘어 다른 사람에게 직접적인 영향을 주고 한번 적은 글은 계속 남아서 후대에 유산으로 줄 수 있는 창작물이 됩니다.

글은 여러 종류가 있을 텐데 혼자서만 보는 일기와 같은 글도 정서적인 도움이 됩니다. 평범한 일상 속에서 기쁨을 찾기도 하고 어렵고 상처 받는 일들을 글로 풀어 쓰다보면 감정을 흘려보낼 수 있고 스트레스가 해소됩니다. 글을 쓸 때 간결하고 명확하게 쓰는 편이 좋습니다. 정리하는 힘이 생기고 마음과 기억에도 선명하게 남습니다. 또 누군가가 읽어 주길 바라는 글은 길게 쓰면 사람들이 잘 읽지 않는 것을 이해해야 합니다. 글쓰기도 인문학의 영역이고 인문학이라는 것은 쉽게 사람을 이해하는 것이라고 생각해도 됩니다. 사람들이 읽는 글을 쓰는 것이 인문학적 글쓰기라고도 할 수 있는데 그런 글들은 문장이 명확하고 간결하면서 다음 글을 읽게끔 내용을 잘 적습니다. 말을 할 때도 어려운 내용을 쉽게 설명하기도 하며 반대로 쉬운 내용을 전문적으로

습관을 만들고 목표를 이루는 기술

말하는 것이 능력입니다. 글을 쓸 때도 어려운 내용을 쉽게 쓰고 또 전문적으로 쓰는 사람이 글쓰기의 고수 입니다. 문장에 안 맞는 비문을 줄이고 쉽게 알 수 있는 글을 쓰는 것부터 시작하면 쓰면 글쓰기가 한결 수월해집니다.

독서와 사색한 것을 정리해 쓰면서 문장을 맞추다 보면 사고력이 좋아지고 문장을 만드는 능력이 좋아집니다. 글쓰기는 중요한 것은 더하고, 불필요한 것은 빼서 읽기 수월하게 하면 빼어난 글이 남게 됩니다. 쓴 문장과 글을 다른 사람들과 SNS에 공유 해보면서 인사이트를 전할 수 있습니다.

우선 저는 습관 인증도 사람들 사이에서 하지만 하루 정해놓은 간단한 목표인증도 하고 있습니다. 대표적으로 글쓰기로 목표를 설정했는데 여기서 글쓰기는 단순히 글을 쓰는 행위뿐 아니라 콘텐츠를 만들거나 사업과 부업에 관련된 것들, 자신의 재능을 더 탁월하게 하는 특기, 직장과 회사의 업무 스킬을 늘리는 것 등 모든 생산적인 활동을 묶어 저는 글쓰기로 표현합니다.

아래는 기본적인 글쓰기의 종류에 대해 이야기 했고 이런 글쓰기를 더 좋게 만드는 방법에 대해 설명했습니다. 자신의 감정을 적는 것으로도 스트레스를 해소할 수 있고 정서적인 건강과 마음의 안정을 가질 수 있습니다. 일기와 할일, 다이어리에 글을 기록하는 것도 글쓰기입니다. 삶을 기억하고 관리하는데 있어 하루를 돌아보며 자신을 개선하고 탁월하게 하는 습관이 됩니다.

일기의 경우 자신의 삶을 객관적으로 바라볼 수 있게 해주는 도구가 됩니다. 지나간 일을 확인 할 수 있고 때로는 불쾌한 감정들을 객관적으로 적으며 그날의 마음을 정리하고 감정을 컨트롤 할 수 있게 합니다. 여러 상황 속에 억눌렸던 감정들을 해소해주기도 하며 스트레스 관리에도 큰 도움이 됩니다. 소소한 일들도 감정을 풍부하게 표현하여 감성을 표현하는 글 솜씨 능력 또한 좋아집니다.

또 좋았던 경험들을 회상할 수 있게 해주며 중요한 일들을 다음에 꺼내 볼 수 있는 기억의 자료가 됩니다. 오늘 해야 하는 To Do List는 어떨까요? 해야 될 것과 안해야 될 것을 결정하며 실행력을 높여주는 강한 힘이 있습니다. 혹시 할일 목록에 적었지만 하지 못했다 할지라도 다음날 다시 적어 결국 할 수 있게 해주는 동력이 됩니다. 목표도 반복해서 적으면 이루어질 가능성이 높습니다. 그리고 우선순위의 일들을 나열함으로 해야 할 것들을 효과적으로 배치해주고 시간 절약까지 하게 합니다. 중요한 일을 앞두고 5분 먼저 생각하고 해야 할 일을 정리 하면 전체 일을 단축시켜 에너지와 시간을 절약해줍니다.

습관을 만들고 목표를 이루는 기술

감사일기

감사는 능력이 있고 회복탄력성이 있습니다. 문제가 있는데 그 문제가 해결되거나 개선책이 떠오르면 감사하게 됩니다. 그리고 비슷한 문제가 생겼을 때도 당황하지 않고 다시 지혜롭게 문제를 대하고 해결할 수 있다는 자기 효능감이 높아집니다. 일기는 나를 돌아보아보는 성찰하는 글쓰기이며 감사는 삶을 더 느끼는 표현입니다. 누군가는 감사하기 힘든 상황에도 감사를 찾아서 하는 것을 깊은 감사라고 표현 했습니다. 당연히 누리고 있는 것을 생각해보고 주위 분들에게도 감사를 표하며 비록 안 좋은 상황에서도 감사를 찾아보는 정서적으로 풍성한 삶을 살았으면 좋겠습니다.

이메일

업무적인 이 메일이 많을 것입니다 비즈니스를 위한 이 메일은 형식과 전달이 중요합니다. 서로의 업무를 빨리 이루기 위한 매개체의 역할이 이 메일 에서는 가장 중요합니다. 그곳에서도 인간적인 배려와 친절을 조금 넣어주면 더욱 좋습니다. 간단한 인사 말 날씨에 따라 감기, 또는 건강에 유념하라는 작은 문구, 크고 중요한 기일 일 때 챙겨주는 작은 멘트 들은 딱딱한 업무 메시지에 도움을 주고 서로 간에 능률까지 더해 줄 것입니다. 그렇다고 좋은 얘기들로 많은 양을 할애 할 필요가 없으며 상대에 따라 유동적으로 좋은 말을 적절히 해주는 것이 좋습니다. 이 메일은 사적인 얘기의 장이라기보다 업무적으로 쓰이는 경우가 많기에 업무의 본질을 놓치지 않아야 하는 것이 중요하고 간결하고 내용을 상대가 알아보기 쉬운 폼으로 쓰는 것이 좋습니다.

짧은 SNS 글쓰기: 본격적으로 영향력을 줄 수 있는 글쓰기입니다. 감동과, 재미, 유익과 지식을 콘텐츠(이미지, 영상, 문자 등을 디지털 방식으로 제작해서 유통 및 처리하는 정보와 내용물)로 만들어 인터넷, 온라인 상에 올리는 형태이죠. 짧은 SNS글쓰기는 대표적으로 인스타그램에 좋은 사진과 메시지를 전할 수 있습니다. 요즘은 짧고 임팩트 있는 릴스 영상에 자막을 넣는 방법이 알고리즘의 선택을 받아 반응을 얻습니다. 사진과 그림이미지의 카드뉴스도 가독성이 좋아 빠른 영향력을 줄 수 있는 도구가 됩니다. 책이 아니고서야 정보가 많은 시대에 사람들은 긴 글을 잘 읽지 않습니다. 인스타그램과 SNS에 글쓰기는 짧지만 중요한 글을 쓰는 공간이 되고 사람들의 눈길을 끄는 후킹 기법을

습관을 만들고 목표를 이루는 기술

적극 적용해 마케팅을 할 수 있습니다.

좋은 메시지를 인스타그램 또는 SNS로 전하려면 되도록 간결하고 힘 있는 문구와 글이 좋습니다. 주제는 유익하거나 재미, 감동을 주는 것으로 하면 좋고 글만으로 작성한 것보다 이미지나 시선을 끌 만한 고화질의 영상과 가독성 좋은 카드 뉴스로 만드는 것이 클릭을 부르게 합니다. 영상 안에 텍스트로 설명을 넣어주면서 메시지를 전달할 수 있습니다.

그리고 호기심을 끄는 제목을 서두로 첫 장을 만들고 넘겨 볼 수 있도록 만듭니다. 자신의 좋은 가치관과 글을 꾸준히 인스타그램을 통해 전할 때 하고 싶은 말을 좀 더 할 수 있으며 비슷한 좋은 사람들과 팔로우, 팔로잉으로 유대관계를 가질 수 있습니다. 짧지만 강렬한 좋은 글을 통해서 다른 사람의 좋은 행동 변화를 이끌어 낼 수 있습니다.

블로그, SNS 글쓰기와 전자책, 종이책 글쓰기 조금 더 전문적인 비즈니스 글쓰기라고 할 수 있습니다. 인스타그램, 페이스북 글이 짧은 글이라면, 블로그는 조금 더 긴 분량으로 전문성을 나타낼 수 있습니다. 사진의 개수, 영상도 제한이 없는 편이며 파일도 첨부할 수 있습니다. 더 많고 다양한 내용을 담을 수 있어서 글쓴이의 의도를 자세히 표현하기 좋은 플랫폼입니다. 좋은 글과 정보성 글, 재미있거나 감성, 감동적인 글을 알고리즘을 탈 수 있는 플랫폼에 등록하면 많은 사람들이 볼 수 있습니다. 블로그, 인스타그램, 유튜브, 틱톡 등이 그예 입니다. 사람들이 많이 이용하는 플랫폼일수록 글의 노출도가 많아집니다. 블로그는 크게 네이버 블로그와 티스토리 블로그로 나뉩니다. 네이버 블로그는 국내 최대 포털 사이트인 네이버 기반으로 검색, 노출이 잘되어 홍보, 마케팅, 광고용으로 좋습니다. 티스토리 블로그는 애드센스 광고 수익을 얻을 수 있어 글쓰기, 블로그 포스팅 만으로도 광고 수익을 벌 수 있는 플랫폼이 됩니다. 브런치 작가로 대비해서 좋은 글을 꾸준히 쓰면 책 출간제의도 들어오게 됩니다. 많은 사람들이 이용하는 인스타그램을 통해 글쓰기를 표현하면 빠른 결과를 얻을 수 있습니다. 숏폼 영상인 릴스에 정보나 감동, 재미를 넣어 제작해 인스타그램 뿐 아니라 유튜브, 틱톡, 네이버 모먼트등의 플랫폼에도 숏폼으로 등록해 콘텐츠의 노출을 높일 수 있습니다.

전자책 온라인으로 판매할 수 있는 소책자 입니다. 실용서이다 보니 분량이 종이책 보다는 적죠. 하지만 핵심 내용만 적어서 불필요한 서론을 장황하게 다 넣지 않아도 됩니다. 전자책을 보려고 하는 수요층 또한 당장의 문제를 해결하려는 의도와 변화

습관을 만들고 목표를 이루는 기술

를 얻기 위해 전자책을 구매하는 이유가 가장 큽니다. 사업과 부업의 방법, 돈을 벌 수 있는 노하우가 담겨진 전자책이 재능마켓 플랫폼 시장에서 인기 있고 판매가 잘됩니다.

글쓰기는 자기 자신도 건강 하게하고 삶을 풍성하게 할 뿐 아니라 다른 삶에 유익을 주는 훌륭한 매개체가 됩니다. 저와 여러분들이 서로를 도와주고 다른 사람에게 지식, 노하우, 지혜, 유익을 주는 그러한 사람이 되길 바랍니다. 책을 읽고 토론하고 글을 쓰는 것에는 성장과 성숙이 있으며 가치 있는 생산적인 활동이 됩니다. 이처럼 글은 자신의 삶을 풍요롭게 하기도 하고 또 탁월하게 합니다. 그리고 생산적인 삶을 살게 해주는 중요한 도구가 됩니다.

글쓰기로 얻는 유익과 효과

1) 글쓰기를 통해 정서적인 건강을 얻습니다.

(스트레스와 걱정을 글로 적는 것만으로도 해소가 되고 정서적

인 안정을 얻습니다.)

2) 글쓰기를 통해 중요한 일을 먼저 하고 우선순위를 정합니다.

(To Do List, 목표 적기)

3) 글쓰기를 통해 원하는 것을 얻을 수 있습니다.

(명확한 사람으로 만들어주고 의사전달이 정확해집니다.)

4) 글쓰기를 통해 누군가에게 좋은 영향력을 줍니다.

5) 글쓰기를 통해 수익까지 얻을 수 있습니다.

(최고의 자기계발과 모든 마케팅의 출발은 글쓰기 입니다.)

습관을 만들고 목표를 이루는 기술

작게 하고 크게 성공하기
(세계 최고에게 배우는 지혜)
———

우리는 좋은 결과를 가져다주는 영역에 시간과 에너지를 쏟아야 합니다. 적게 일하면서 가장 좋은 성과를 나타내려면 불필요한 것들 80%를 버리고 중요한 20%를 했을 때 최고의 결과를 얻을 수 있습니다. 생텍쥐페리는 불필요한 것들을 빼고 빼서 더이상 뺄 수 있는 것이 없을 때가 비로소 단순함의 완벽함이라고 했습니다. 불필요한 큰 악습관부터 빼고 불필요한 일들을 줄여야 합니다. 방과 책상, 시각적으로 어지러운 것들을 정리하면 두뇌의 잔상도 명쾌해지고 생각도 정리됩니다. 적게 일하고 돈 많이 벌기, 효율적으로 일하고 좋은 성과 이뤄내기, 짧게 운동하고 활력을 얻고 다이어트 성공하기, 짧은 시간 책 읽고 독서효과 늘리기 등은 한편으로 우리가 원하는 삶이라 할 수 있을 것입니다.

우선순위에 매기고 중요한 것들 위주로 실행하면 선택과 집중으로 충분히 적게 일하면서 크고 좋은 결과를 얻을 수 있습니다. 앞서 자기개발에 대해 얘기를 하였습니다. 즉 자신의 재능과 특기를 반복적으로 연습하고 훈련하여 더 탁월하게 하는 것을 얘기합니다. 더 큰 효율을 얻으려면 가지고 있는 재능을 적재적소에 쓰는 방법이 좋습니다. 칼을 잘 다루는 사람은 칼을 날카롭게 하는 작업에 많은 시간을 투자하고 공을 들입니다. 한 번의 칼질로 힘을 덜 들일 수 있기 때문이죠. 철 연장이 무뎌졌는데 날을 갈지 않으면 일하는 데 있어 더 큰 힘이 들고 생산량이 줄어들고 쉽게 에너지가 소모됩니다.

많은 습관의 서적과 비즈니스 경영책들은 좋은 방법들을 제시합니다. 작은 행동으로 꾸준한 습관을 형성하는 방법, 중요하고 핵심적인 일을 하면서 최고의 성과를 얻을 수 있는 방법들을 제시합니다. 팀 페리스의 '나는 4시간만 일한다.' 롭 무어의 '레버리지' 등과 같은 책이 그렇습니다. 유명한 작가, 저자인 그들의 책과 말들은 요령을 피우자는 것이 아닌 핵심적인 것부터 해서 좋은

습관을 만들고 목표를 이루는 기술

결과를 낳자는 지침서입니다. 큰 틀과 국가의 헌법, 도덕적인 규율 안에서 시간과 경제, 정서적으로 자유롭게 사는 삶 을 사람들은 궁극적으로 원하고 바라고 있습니다.

효율적인 시스템을 위해서는 끊임없이 노력해야한다.

그렇기 위해서는 자신의 소명의 자리를 발견하고 해야 할 사명의 일을 발견해야 합니다. 가장 나다운 일, 내가 했을 때 좋은 결과를 나타내는 일을 찾아야 합니다. 그것을 찾는 방법은 평소 조용한 시간을 통해 내면을 들여 보며 깊이 생각하는 사색의 시간이 필요하고 어디에 많은 시간을 할애하는지도 체크해야 합니다. 흥미가 끌리는 것이 어느 분야인지, 무엇에 재미를 느끼고 돈을 사용하고 에너지를 쏟는 대상이 무엇인지 파악해야 합니다. 남들이 가지지 못한 기술, 특기를 보고 평소 주위 사람들이 칭찬하고 어울린다고 평가해주는 조언을 잘 듣는 것도 좋습니다. 잘하고 좋아하고 재능 있는 것 중에 사람에게, 회사와 같은 단체에 유익을 주는 일입니다. 자신의 일과 비전을 발견했다면 효율적으로 일하고 효과적인 결과를 추구해야 합니다. 하지만 효율적인 시스템을 만들려면 구축하는 구간까지 피나는 노력과 몰입, 헌신이 수반됩니다. 시간과 에너지를 투여해야 하고 노력하는 고통을 통해 얻게 됩니다. 또 효율적인 시스템을 구축한다고 한들 계속 관리, 수정, 개선과 같은 힘든 작업이 기다리고 있습니다.

자유로운 삶을 원하지만 직장과 소속되어 있는 곳의 규율을 따라야 하기도합니다. 그 안에서는 시간을 무작정 내 마음대로 사용하거나 독자적으로 일을 할 수 없을지 모릅니다. 자신이 바꿀 수 없는 큰 환경은 어쩔 수 없지만 그 안에서 할 수 있는 좋은 환경과 시스템으로 바꾸는 행동은 좋은 태도입니다. 좋은 비전과 작은 목표를 통해 자신만의 삶의 궤도를 이탈하지 않게 해줍니다. 남들과 비교하는 삶은 열등감을 초래할 수 있습니다. 잘하고 있는 사람을 따라가는 2등 작전도 좋지만 섣불리 따라 했다가 어설픈 결과를 낳습니다. 자신만의 스토리텔링이 아니기 때문에 다른 사람의 장점은 벤치마킹하고 실수와 단점은 배우지 않는 태도가 필요합니다. best one도 중요하겠지만 only one도 유일무이한 큰 가치가 있습니다.

비전과 꿈은 잊지 않을 때 이룰 수 있고 작게 하고 크게 성공하기란 요행을 바라거나 사기행각을 하자는 뜻이 아닙니다. 가장 중요한 것을 하고 나쁜 습관과 가치가 없는 것, 결과가 나오지 않는 것들은 과감하게 버려야 합니다. 덜 중요한 요소들은 차선으

습관을 만들고 목표를 이루는 기술

로 순위를 미뤄야 합니다. 그리고 내가 다 할 수 없거나 잘 못하는 일들은 다른 사람이나 그 일의 전문가에게 아웃 소싱으로 위임을 해야 합니다. 파레토의 법칙에서 보듯 전체 80퍼센트의 결과와 이익은 20%의 핵심적인 일에서 이루어집니다. 가장 중요한 것들에 시간과 에너지 재능을 투자하고 몰입하는 방법이 가장 좋은 결과를 나타냅니다.

덜 중요한 일을 끊을 수 없다면 가장 값어치 있는 일들을 우선순위에 두고 하면 됩니다. 덜 중요하고 지루하고 가치가 떨어지는 일은 다른 사람에게 위임하거나 과감히 안 해도 괜찮습니다. 왜냐하면 중요하고 본질적인 것들을 해놓았다면 부가적인 차선의 일들은 따라올 가능성이 높습니다. 혹시 따라오진 않아도 상관이 없습니다. 왜냐하면 중요한 것을 먼저 해놓았기 때문에 확신이 생깁니다. 그 확신으로 쉽게 무너지지 않으며 담대함과 자신감으로 살아갑니다. 위임할 때는 동료, 직원, 프리랜서에게 부탁하거나 내가 하면 더 오래 걸리는 일들은 시간과 에너지를 잡아먹으니 비용이 들더라도 전문가에게 맡기면 훨씬 더 탁월한 결과를 얻습니다.

우리가 해야 할 일은 가장 좋은 결과를 낳을 수 있는 일을 고르는 일이고 그것을 계획하고 일이 될 때까지 실행하며 마치는 것입니다. 당신만이 자신의 제일 좋아하는 일과 잘하는 일을 할 수 있습니다. 지구상에서 유일한 자신의 존재로 가장 가치 있는 일을 찾고 그것에 전념 하고 자신이 할 수 있는 일에 최대한의 결과를 낳을 수 있어야 합니다.

90%의 불필요한 것들을 빼고 10%의 가장 중요한 것에 재능과 지식, 에너지와 시간을 투자한다면 가장 좋은 것을 만들고 남겨서 그 외의 삶을 편안함으로 하고 싶은 것을 하며 살 수 있습니다. 시간적으로 완벽히 자유로운 삶을 살 수 없을지 몰라도 하고 싶고 자신이 꼭 해야 하는 일을 하는 삶, 경제적으로 자유로운 삶, 공간의 제약을 받지 않는 삶, 좋은 사람을 만나고 좋은 모임을 선택하는 삶으로 갈 수 있습니다.

세계최고의 기업과 마스터(master)들에게 배우는 지혜

애플과 테슬라, 구글의 공통점은 불필요한 것들은 빼냈다는 것입니다. 심플하고 유려한 애플과 테슬라의 디자인과 기능은 고객의 마음을 사로잡았습니다. 꼭 필요한 기능을 편리하게 조작하고

습관을 만들고 목표를 이루는 기술

작동할 수 있게 한 구동 방식은 사람의 두뇌와 몸을 더 편하고 에너지를 보존하게 해주었습니다. 예를 들어 애플워치의 간단한 제스처만으로 작동이 된다든지, 테슬라 핸들의 사람 손에 가까운 버튼, 브레이크만 밟아도 문이 닫히고 복잡한 메뉴가 아닌 한 번의 스크롤로 구동하는 방식 등이 그 예입니다. 사고의 과정을 줄여 주는 기능과 함께 심플하고 예쁜 철학적인 디자인은 단순한데, 오히려 더 갖고 싶은 구매 욕구를 일으킵니다. 본질을 깊이 이해해야 불필요한 것을 없앨 수 있습니다. 단순한 것은 날카롭고 힘이 셉니다. 직관적이고 유저의 생산성에 포커스를 둔 구글의 인터페이스는 오로지 사람에게 필요한 것들만 남기는 인문학적 선택이었는데 사용할수록 쓰기에 편합니다. 한번 사용한 사람들은 편리함과 직관성, 생산성 때문에 다시 사용하게 되고 이는 충성고객을 모으기에 충분한 기술과 경영방식이 되었습니다. 디지털 치매라는 말이 있습니다. 포털 사이트에 무엇인가를 검색하려 들어왔다가 여러 광고와 다른 기사를 클릭해서 정작 검색하고자 하는 것을 잊어버리는 걸 말하는데 구글의 경우 첫 페이지는 검색창만 보이게 해서 사용자의 시간과 에너지를 보존해주고 생산성을 끌어 올리게 만들어 줍니다. 간결하고 핵심적인 것으로 성과를 내려면 가장 중요한 것 이외에는 과감히 버리는 선택을 해야 합니다. 중요한 것을 먼저 잘 해놓고 연관된 부가적인 것을 하나씩 추가하는 편이 좋습니다.

작게 하고 크게 성공하는 결과를 얻으려면 임계점을 경험하고 넘겨야 할 것입니다. 유 의식적 능력 과 무의식적 능력이 있습니다. 처음에 무언가를 공부하고 습득할 때는 의식적으로 생각하고 또 연습합니다. 두뇌에 잘 새기기 위해 노력하고 몸에 익히기 위해 연습하다가 까먹거나 실수 할 수 있습니다. 하지만 지속하고 반복하고 연습하다가 보면 두 의식이 연결되어 머릿속에 기억되고 반복된 연습은 몸에 자연스럽게 배입니다. 의식하지 않은 무의식 상태에도 물 흐르듯 그 행동이 나오는 것입니다.

1만 시간의 법칙처럼 자기 것으로 만들 정도의 수많은 연습의 시간이 필요할지 모릅니다. 하지만 완벽히 자기 것으로 만들어야 마스터(Master) 될 수 있습니다. 구기종목을 다루는 선수들은 빠른 공들도 받아서 유연하게 처리하는 것을 봅니다. 반복된 훈련으로 빠르게 날아오는 공을 물 흐르듯 처리합니다. 몰아일체를 경험해야 마스터 (Master) 달인이 되는 것입니다.

한 분야에서 두각을 나타내려면 이런 시간과 연습과 훈련을 거쳐야 합니다. 몰아일체를 하며 성과와 능력을 나타내는 임계점을 넘긴다면 그때부터는 작게 일하고 큰 성과를 내는 영역 그 고도

습관을 만들고 목표를 이루는 기술

에 올라갑니다. 독수리는 바람의 양력을 받아 높은 하늘 위에서는 날개를 펴고 유유히 납니다. 처음에 이륙 할 때는 중력을 이기는 큰 날개 짓과 힘이 필요하겠지만 높은 고도에서는 위로 떠오르는 날개 짓과 바람의 양력을 이용하게 됩니다. 즉, 높은 고도에 들어가면 양력으로 인해 작은 힘으로도 비행할 수 있게 되는 것입니다.

　우리나라는 주입식 교육이 많고 생각하고 글쓰기, 논술보다는 객관식 시험이 아직 많습니다. 토론과 독서 나눔 문화가 많이 없는 것이 아쉽습니다. 국제 바칼로레아 교육은 인문고전이나 책을 읽고 사색하고 느낀 점을 나누면서 통찰력을 키웁니다. 비범한 사람에게는 함부로 대하지 못합니다. 학교폭력과 언어폭력 또한 좋은 소통의 부재로 일어날 확률이 높습니다. 건설 적인 토론과 좋은 나눔을 통해 소통이 이뤄지고 더욱 우수한 리더들이 생겨날 것입니다. 그리고 글쓰기를 통해 정리하며 다른 사람에게 좋은 영향을 주는 생산적인 활동을 합니다. 인문학을 사업에 서비스에 접목하면 크게 장기적으로 성공하게 됩니다. 세계최고의 기술력을 가진 미국기업과 우수한 IT, 소프트웨어, 보안, 국방 기술을 가진 이스라엘 기업에서 보듯 바로 독서와 생각, 토론, 대화, 글쓰기의 힘이었고 그 결과라고 볼 수 있습니다.

비즈니스 글쓰기
(독서와 글쓰기의 힘)

———

인풋(input) 작업인 독서로 내안에 지식과 지혜아이디어를 투입합니다. 생산적인 아웃풋(output)은 짧은 독서와 영감을 줄 수 있는 것을 읽고 보고 들을 때 도움이 됩니다. 꾸준한 인풋 작업은 정서적으로 충만하게 하고 반복적으로 좋은 것을 생각하게 합니다. 머리에서 반복적으로 생각하는 충만한 지식은 외우지 않고도 자연스럽게 나옵니다. 처음엔 인풋작업으로 자신 안에 지식과 삶의 지혜, 아이디어를 쌓는 일을 해야 합니다. 시간이 지나 일로 바빠지고 생산적인 활동이 많아지면 아웃풋이 늘어납니다. 그

습관을 만들고 목표를 이루는 기술

때부터는 쌓여있는 지혜와 지식, 아이디어를 자신의 삶에 적용하고 실행하는 것입니다. 이러한 습관과 루틴이 단련되어 있는 능력 있는 사람들과 천재들은 하루를 시작하는 시간(에너지가 있고 명쾌하고 방해받지 않는 시간)에 아웃풋 작업에 신경을 쓰고 선행하기도 합니다. 가지고 있는 지식과 아이디어로 탁월한 삶의 좋은 결과물을 내려고 하기 때문입니다. 첫 번째로 쉽게 할 수 있는 아웃풋 작업은 말입니다. 미소 띈 얼굴에 친절한 말은 대인관계를 좋게 합니다. 인맥을 쌓고 직장, 사업, 세일즈 영역에서 유리한 위치에 갈 수 있고 재력을 얻을 수도 있습니다. 그리고 쉽게 할 수 있는 것은 글쓰기라는 아웃풋 작업입니다. 여기서 글쓰기는 종이에 펜을 들고 쓰는 작업도, 컴퓨터로 타이핑을 하는 것도, 짧은 SNS 글쓰기나 콘텐츠 만들기, 이외 생산적인 작업을 말하고 싶습니다. 글뿐만 아니라 이미지, 영상, 음성녹음, 그림으로 표현하는 내용물을 통틀어 콘텐츠라고 할 때 글쓰기와 콘텐츠 작업은 기록을 보관, 소장할 수 있고 유통할 수 있습니다. 글쓰기와 콘텐츠 작업은 영향이라는 힘을 나타내고 재미와 감동의 스토리텔링을 표현하기도 합니다. 지식과 정보, 자신의 노하우로 정보성 글과 책을 창작할 수도 있습니다. 다양한 마케팅의 시작은 글쓰기일 수 있고 영향력을 주는 인플루언서(influencer)가 되려면 콘텐츠를 기획하고 만드는 생산적인 행동을 해야 합니다.

최근 온라인 사업과 부업을 많이 합니다. 코로나 이후 고물가, 저성장 시대에 블로그로 마케팅을 하거나 전자상거래, 인스타그램, 숏폼 영상, 전자책 PDF 판매, 사업노하우의 강의 판매도 많이 합니다. SNS를 수익화 해서 광고, 홍보, 협찬을 받기도 합니다. 다양한 사람이 도전해보는 수익과 마케팅을 할 수 있는 콘텐츠와 플랫폼이 많아졌습니다.

전자책 PDF 판매를 추천하는 이유는 블로그 보다 수익이 빠르고 더 많습니다. 실제로 초창기 제가 처음 써서 판매하던 30페이지정도의 전자책이 1만 2천원에 등록 하자마자 판매가 되었습니다. 그리고 지금도 지속적으로 전자책뿐 아니라 블로그, 유튜브, SNS와 병행, 연계하며 할 수 있고 시너지 효과도 낼 수 있습니다.

유튜브 영상의 대본이 블로그 글이 될 수 있고 블로그에 완성된 포스팅 글들은 인스타그램을 연결해 홍보할 수 있고 모아서 한권의 전자책으로 출간할 수 있기 때문에 그렇습니다.

저는 전자책 PDF 판매, 유튜브 업로드, 블로그 또한 네이버, 티스토리 블로그, 인스타그램 마케팅을 동시에 진행하고 있습니다. 어려울 수도 있지만 생산적인 습관, 즉 글쓰기 습관이 배여 있어서 그런지 이젠 저에겐 이모든 작업이 재미있는 작업이 되었습

습관을 만들고 목표를 이루는 기술

니다. 예전에 책 읽는 취미가 있어 여러 권을 많이 읽다 보니 글을 쓰고 싶었습니다. 책의 좋은 내용들과 저의 경험, 생각들을 융합시켜 새로운 글로 탄생시키고 싶었죠. 세상에 나와 있는 거의 모든 책들 또한 그렇게 나온 것입니다. 책 쓰는 법에 관련된 도서들을 보니 엉덩이를 붙이고 앉아서 그냥 쓰라 라는 말이 많았습니다. 머릿속에 생각 하는 것을 거침없이 종이에, 노트북에 쏟아내라는 권유였습니다.

 틀린 말은 아니었지만 처음에 그렇게 쓰다 보니 방대한 양을 다시 검토하고 수정하고 개선, 퇴고하는 작업이 너무 힘들었습니다. 좋은 말은 간결하고 명확하고 힘이 있어야 합니다. 길게 하면 집중력이 분산됩니다. 글도 마찬가지입니다. 일단 정리하며 쓴다면 글도 명쾌하고 작업도 저자가 쉽게 파악할 수 있기 때문에 글쓰기가 즐거워집니다. 수많은 정보화시대에 살고 있어 긴 글을 읽는 인내심도 적어 그 힘을 잃습니다. 그래서 전자책 PDF는 300페이지가 아닌 30페이지 이상이어도 가장 중요한 핵심적인 내용만 담아도 비싼 가격에 팔리게 되는 것입니다. 블로그를 하든 여러분도 전자책, 소책자부터 도전해 보시기 바랍니다. 잘하지 못할 수도 있고 원하는 결과가 오지 않을 수도 있습니다.

'유명한 사람과 대단한 사람이 책을 쓰는 것 아니야?' 라고 질문하겠지만 책을 써서 대단해지고 유명해지는 것입니다. 앞서 언급한 대로 글쓰기 하나만으로도 삶에 유익을 주는 것들이 많습니다. 군이 직접적인 돈과 연결 하지 않아도 그렇습니다. 비즈니스로 연결하지 않아도 글쓰기는 우선 나의 정서와 삶을 좋게 만들어 줍니다. 하지만 이왕 글을 쓰는 것, 나의 삶도 좋게 하지만 다른 사람의 삶도 좋게 하는 건 어떨까요? 황금율의 법칙처럼 내가 받고 싶은 대로 다른 사람에게 좋은 것을 주는 것, 내가 가지고 있는 지식과 좋은 정보를 줄 때 가치 있고 영향을 끼치며 영향을 받은 사람이 또 누군가에게 전할 수 있습니다. 결과적으로 이것이 가장 크게 성공하는 비즈니스 모델이 됩니다. 그 첫 번째로 실행하면 좋은 것이 좋은 글, 정보성 글, 감성적인 글, 재미있는 글 또는 비문학의 실용적인 글이 됩니다. 또 에세이 형식의 글 또한 일상과 인간관계에서 오는 느낌, 생각을 작가의 정서로 잘 표현해 쓴다면 많은 공감을 얻고 오랜 감동을 줄 것입니다.

인간관계를 잘 하는 비법 중 하나는 너무 이타적이고 또 이기적인 것보다 나를 잘 살피고 다른 사람을 돌보는 것입니다. 다른 사람을 위한 것도 헌신적이고 아름답지만 나에게도 유익이 있고 다른 사람에게도 유익이 있는 전략이 가장 좋다고 추천 합니다.

습관을 만들고 목표를 이루는 기술

그것은 거래가 될 수 있고 서로 주고받는 말과 읽을 수 있는 글, 볼 수 있는 사진 또는 콘텐츠가 되기도 합니다.

좋은 글은 안으로는 나 자신을 건강하고 행복하게 하고 밖으로는 다른 사람들에게 좋은 영감과 영향력을 줍니다. 그리고 전체로는 세상과 사회를 이롭고 질서 있게 하며 이상적으로 한걸음 나아가고 만들어 줍니다.

여러분 안의 좋은 생각을 흘려보내는 사람이 되셨으면 좋겠습니다. 주위 사람들을 만날 때에도 좋은 생각과 가치 있는 것을 조금 더 말하는 사람이 되고 짧은 글이라도 쓰고 sns에 올려 보면 좋습니다.

자신의 정체성이 좋게 바뀌면 인생이 달라집니다. 그리고 좋은 글은 좋은 사람을 만들지만 좋은 사람을 만나게 합니다. 글을 쓰고 콘텐츠를 만들어 비즈니스로 돈을 벌고 또 그것으로 어려운 사람을 도우면 좋습니다. 한 번의 원조는 일시적인 도움만 될 수 있지만 좋은 글은 마음의 힘을 주고 지혜와 실행할 수 있는 지식을 전달해 어려운 사람이 스스로 자립할 수 있는 원동력이 되기 때문에 더욱 가치가 있습니다. 그리고 더 중요한 건 얻은 수익과 돈을 통해 더 중요하고 핵심적이고 좋은 일과 사업, 부업에 투자해 더 크고 좋고 놀라운 일을 할 수 있습니다. 더 높은 부가가치를 일으키고 다른 사람들에게 일거리와 수익을 제공할 수 있으며 사회가 윤택해집니다. 산업은 더욱 발전하게 되고 나라의 발전에도 이바지 할 수 있습니다. 좋은 글의 파급효과가 이렇게 크다는 것입니다.

리더가 만들어지고 사람들에게 영향력을 주는 자리에 가게 될 것이고 그에 따라 여러분이 하는 좋은 사업은 번창하고 또 고용 창출도 하게 될 것입니다. 누군가의 생계에 도움이 되고 그 사람들도 꿈과 비전을 갖게 됩니다. 독서와 글쓰기를 통해 얻을 수 있는 유익은 다음과 같습니다.

- 독서를 통해 마음의 힘을 얻을 수 있습니다.
- 독서를 통해 생각하는 힘이 길러집니다.
- 독서를 통해 비전과 꿈, 목표가 생깁니다.
- 독서를 통해 논리와 말하는 능력이 좋아집니다.
- 글쓰기를 통해 자신의 생각을 심플하게 할 수 있고 사고를 더욱 강하고 날카롭게 합니다.
- 글쓰기를 통해 누군가에게 좋은 영향력을 줄 수 있습니다.
- 글쓰기를 통해 나의 생각과 가치관등을 전할 수 있습니다.
- 글쓰기를 통해 집중하는 힘을 기를 수 있습니다.

습관을 만들고 목표를 이루는 기술

- 글쓰기를 통해 수익까지 얻을 수 있습니다.

앞으로도 독서, 토론, 글쓰기와 같은 개인의 성장과 성숙을 도모할 수 있는 이런 습관을 많이 하여서 자신을 건강하고 풍요롭게 하고 타인에게 도움을 주어 서로를 완성시켜주는 일이 많아지기를 고대합니다.

습관과 목표로 만드는 슈퍼멘탈

마치며

———

우리는 삶에서 각자 옳은 일을 하기 위해 태어났고, 그 길을 걸어야 할 것입니다. 가치 있는 생산적인 일을 하고 긍정적인 생각과 말을 해야 합니다. 좋은 유머, 해학이 있는 이야기로 모두를 따뜻하게 품고 분위기를 화평하게 할 줄 알아야합니다. 믿음은 아직 이루어지지 않았지만 일이 이루어질 것이라고 바라는 것이며, 보이지 않지만 실존하는 것이라고 믿는 행위입니다. 올바른 믿음은 변하지 않고 영원한 좋은 것을 선택해, 믿고 행동하고 지속하는 것입니다. 노력은 배신하지 않는다는 말이 있습니다.

습관을 만들고 목표를 이루는 기술

아직 이루어 지지 않았지만 성공을 그리며 목표를 선택하고 노력해야합니다. 성공을 위해 오늘 흘리는 땀과 심은 노력들이 결실이 되어 미래에는 현실이 될 것입니다. 또한 내가 원하는 상황은 될 수도, 안 될 수도 있지만 자신의 태도는 확정할 수 있습니다. 예를 들어 많은 돈은 가질 수도 잃을 수도 있지만, 나는 어려운 상황에도 좋은 태도와 꾸준한 습관을 하는 믿음을 가진다면 그 태도는 확정될 가능성이 높습니다. 많은 사람들이 부의 추월차선, 경제적 자유를 원합니다. 추월 차선은 많은 사람들이 타는 차선이 아닌 나 혼자 혹은 소수의 사람들이 타는 차선인데, 이러한 책들이 많아지면서 더 이상 추월차선이 아닌 게 되었습니다. 소수의 사람들이 알았던 돈 버는 방법들은 인터넷상에 많이 나와 더 이상의 노하우가 되지 않습니다.

투자 방법에서 자주 나오는 말처럼 우리는 군중과 대중이 탐욕을 부릴 때는 조심해야 합니다. 성경에는 많은 사람들이 욕심을 가지고 가는 길을 넓은 길이라고 하고 그 말로는 좋지 않다고 주의를 줍니다. 주식시장에 투자가 몰려 고점일 때, 부동산시장에 돈이 모여 거품일 때가 그 예입니다. 많은 사람들이 투자 열풍으로 열심히 가는데 합류하지 못하면 조급함이 들고 함께 길을 가서 안전하다고 생각합니다.

건강한 물고기는 물의 흐름을 타고 역류할 수 있습니다. 반면에 죽은 물고기는 물에 떠내려갑니다. 습관을 형성하고 목표를 이루는 길은 안주함과는 거리가 멀 수 있습니다. 하지만 좋은 선택을 하고 작고 영리하게 시작하면 강한 자신을 만들고 원하고 가치 있는 비전도 결국 이루게 됩니다. 좋지 않은 세속과 많은 탐욕의 끝은 낭떠러지고 큰 실패를 떠안게 됩니다. 반대로 사람들이 두려워 할 때는 용기를 내야 합니다. 많은 사람들이 부의 추월차선을 타려고 가고 있다면 그곳에 거품은 없는지 하락은 없는지 볼 수 있는 통찰력을 키워야 합니다. 부를 이루고 많은 인기를 얻는 것은 이룰 수 있고 안 될 수 있지만 나의 좋은 태도는 확정하고 성품은 지금부터 훌륭하게 가꿀 수 있습니다. 성공의 유무에 스트레스를 받아 삶이 흔들리기보다 단단한 멘탈을 만드는 것이 더 중요합니다.

다시 한 번 말하지만 이 세상에서 24시간 365일을 완벽하게 사는 사람은 아무도 없어요. 하지만 24시간 중에서 단 몇 십분 아니 몇 분은 좋은 습관을 꾸준히 누구나 다 할 수 있습니다. 여러분들이 이 좋은 습관을 일상에 조금씩 투자하고 더하신다면 직장에서의 일이든, 여러 공동체나 커뮤니티에서 중책이든 사업과 부업, 인간관계 등에서 분명 좋은 결실을 얻고 강력한 퍼포먼스를 낼 수 있을 것입니다.

삶의 위기와 어려움, 상처를 받았을 때도 버틸 수 있게 해주고 기회가 왔을 때 폭발 적인 능력을 나타내는 것을 넘어 기회를 만들어가는 사람이 분명 되실 겁니다. 좋은 습관은 많이 해도 좋지만 작고 즐겁게 하는 대신 꾸준히 하는 삶으로의 정체성의 변화를 경험하시길 바랍니다. 그렇게 해서 여러분에게 유익 되고 다른 사람에게 귀감이 되어 처음엔 책과 좋은 사람들, 멘토로 도움을 받지만, 나중에는 여러분이 다른 사람에게 도움이 되는 아름답고 멋진 삶을 사시길 바랍니다.

정신력이 강한 사람.

'정신력이 강한 사람은 아무런 상처를 받지 않는 사람이 아니라, 상처를 받고 오늘 실패해도 내일 삶에서 가장 중요한 것을 조금씩 계속 이어가는 사람입니다.'

이 세상 그 누구도 24시간 365일을 완벽하게 사는 사람은 없습니다. 하지만 24시간 중 단 몇 십분, 아니 몇 분은 좋은 습관을 누구나 꾸준히 이어갈 수 있습니다.

-책 본문 중에서

습관과 목표로 만드는 슈퍼멘탈

습관을 만들고 목표를 이루는 기술

초판 1쇄 발행 | 2024년 8월 12일

지은이 | 남찬영
펴낸이 | 김지연
펴낸곳 | 마음세상

주소 | 경기도 파주시 한빛로 70 515-501

출판등록 | 제406-2011-000024호 (2011년 3월 7일)

ISBN | 979-11-5636-566-2 (03190)

원고투고 | maumsesang2@nate.com

* 값 16,500원